Let us think about *Kyujo*!

憲法9条について考えてみませんか!

奈良勝行・瀧口 優

高文研

目　次

はじめに ………………………………………………………………… 4

第1章　憲法9条とは ………………………………………… 5
（1）憲法の前文 ……………………………………………………… 5
（2）第9条の紹介 …………………………………………………… 8
（3）第9条案の変遷 ………………………………………………… 9
（4）戦争放棄 ………………………………………………………… 10
エピソード ……………………………………………………………… 12
（5）第9条の源泉 …………………………………………………… 13
（6）憲法の制定過程 ………………………………………………… 13
（7）憲法9条と核兵器廃止運動 …………………………………… 15
（8）世界で軍隊を保持しない国と憲法 …………………………… 16
（9）アメリカ合衆国とロシア連邦の憲法 ………………………… 19
（10）戦争がもたらした残虐性の事実 ……………………………… 20
コラム ………………………………………………………………… 22

第2章　国際連合憲章・ユネスコ憲章 …………………… 25
（1）国際連合（The United Nations） ………………………… 25
　1）国際連合とは ………………………………………………… 25
　2）国際連合憲章前文 …………………………………………… 25
　3）国連憲章と集団的自衛権 …………………………………… 26
　4）安全保障関連法 ……………………………………………… 27
　5）集団的自衛権行使の実態 …………………………………… 28
（2）ユネスコ（UNESCO） ……………………………………… 29
　1）ユネスコとは ………………………………………………… 29
　2）ユネスコ憲章前文 …………………………………………… 29

第3章　「九条の会」について ……………………………… 33
（1）設立と活動 ……………………………………………………… 33

（2）世話人会 …………………………………………………………… 34
（3）「九条の会」ニュースの発信 ……………………………………… 35
（4）最近の「ニュース」の英訳版 ……………………………………… 36
（5）2004年〜2019年までの国内と国外の政治・社会的出来事……… 38

第4章　生徒の作品（ピースメッセージなど）………………… 39
（1）日本の生徒たちの作品 …………………………………………… 39
　　1）平和の自己表現（東京・A中学　2年生）……………………… 39
　　2）ピースメッセージ①東京・O中学　1年生 …………………… 41
　　　　　　　　　　　②静岡・F高校　1年生 …………………… 42
　　3）被爆者の証言を読んで …………………………………………… 43
　　4）「私の願いを聞いて！」（高校生平和大使）…………………… 44
　　5）Machinto - Hiroshima for Peace プロジェクト ……………… 46
（2）海外の生徒たちの作品　1）プエルトリコ　2）ウクライナ
　　3）スペイン　4）台湾・中国　5）インド　6）トルコ ………… 47

第5章　憲法についての世論・意識調査 ……………………… 57
（1）中学生・高校生1万人に聞きました！ ………………………… 57
（2）朝日新聞の全国世論調査 ………………………………………… 59

第6章　資料集 …………………………………………………… 61
（1）マララ・ユスフザイのスピーチ（抄）………………………… 61
（2）サーロー・節子のスピーチ（抄）……………………………… 66
（3）ラッセル・アインシュタイン宣言（抄）……………………… 71
（4）チャップリンの『独裁者』のスピーチ ……………………… 77
（5）杉原千畝（6,000人の命のビザ）（抄）………………………… 83
（6）アンネの日記（抄）……………………………………………… 86
（7）オバマ大統領のヒロシマ・スピーチ（抄）…………………… 94

第7章　Let us think about *Kyujo*！
　　　　（9条について考えよう！）………………………………… 99

あとがき ………………………………………………………………… 102

はじめに

今、「きゅうじょう」が"キュウジョウ"?!（一体何のこと？）

　日本国憲法は、「主権在民・平和主義・人権尊重」の3つを原則にして1947年5月3日に施行されました。1931年から1945年8月まで行われた「15年戦争」と呼ばれるアジア・太平洋戦争でおよそアジア諸国の2,000万人が犠牲になりました。日本では8月6日と9日の原爆の犠牲者およそ30万人を含む約310万人が亡くなりました。

　言葉に表せない苦しみと悲しみをもたらしたこの第二次世界大戦の反省の上に立って国際連合、日本では新しい憲法が制定されましたが、とりわけ戦争放棄・軍隊不保持を定めた9条は世界でも画期的で各国の国民に歓迎されました。

　今、この憲法第**「9条」**が**"窮状"**にあります。画期的な内容を持つ9条が変えられるという"困窮の状態"にあるからです。この改正については賛否両論がありますが、世論調査では反対する人たちの方が多いようです。

　そこで、年配者、若い人たちを問わず、9条や平和について関心を持つ人たちが英語を通して9条を一緒に考えてみたいと思い、この本を発行することにしました。できるだけ英語を入れて学習の助けになるようにも工夫しています。また、英語が不得手の人たちでも大丈夫。スピーチなど長い英文は英日対訳または抄訳にしました。

　皆さん、「戦争の世紀」と呼ばれた20世紀から、「平和の世紀」の21世紀に入ってもなお地球上では戦争・内紛・テロ事件などが絶えません。この激動の時代に、「世界の宝」ともいうべき日本の憲法9条の意義、平和・戦争などを一緒に考えていきませんか？

2019年12月　　　　　　　　　　　　　　　奈良　勝行・瀧口　優

第1章 憲法9条とは

(1) 憲法の前文

いきなり「9条」に入る前に、憲法全体の構成とその特徴を見てみましょう。憲法は全11章103条から構成されており、特徴は3つの原則——「平和主義」、「基本的人権の尊重」、「主権在民」——です。

前文には主権在民を明らかにしながら、この憲法ができた経緯と、平和への決意が示されています。紹介する前文の中の下線部分がそれです。

憲法の前文を英日対訳でみておきましょう。

> We, the Japanese people, acting through our duly elected representative in the National Diet, determined that we shall secure for ourselves and our posterity the fruits of peaceful cooperation with all nations and the blessings of liberty throughout this land, and resolved that never again shall we be visited with the horrors of war through the action of government, do proclaim that sovereign power resides with the people and do firmly establish this Constitution.
>
> 日本国民は、正当に選挙された国会における代表者を通じて行動し、われ
>
> (注：**people** =「国民」は日本政府の法定訳です。)

らとわれらの子孫のために、諸国民との協和による成果と、わが国全土にわたって自由のもたらす恵沢を確保し、政府の行為によつて再び戦争の惨禍が起ることのないようにすることを決意し、ここに主権が国民に存することを宣言し、この憲法を確定する。

Government is a sacred trust of the people, the authority for which is derived from the people, the powers of which are exercised by the representatives of the people, and the benefits of which are enjoyed by the people. This is a universal principle of mankind upon which this Constitution is founded. We reject and revoke all constitutions, laws, ordinances, and rescripts in conflict herewith.

そもそも国政は、国民の厳粛な信託によるものであつて、その権威は国民に由来し、その権力は国民の代表者がこれを行使し、その福利は国民がこれを享受する。これは人類普遍の原理であり、この憲法は、かかる原理に基くものである。われらは、これに反する一切の憲法、法令及び詔勅を排除する。

We, the Japanese people, desire peace for all time and deeply conscious of the high ideals controlling human relationship, and we have determined to preserve our security and existence, trusting in the justice and faith of the peace-loving peoples of the world.

日本国民は、恒久の平和を念願し、人間相互の関係を支配する崇高な理想を深く自覚するのであつて、平和を愛する諸国民の公正と信義に信頼して、われらの安全と生存を保持しようと決意した。

We desire to occupy an honored place in an international society striving for the preservation of peace, and the banishment of tyranny and slavery, oppression and intolerance for all time from the earth. We recognize that all peoples of the world have the right to live in the peace, free from fear and want.

　われらは、平和を維持し、専制と隷従、圧迫と偏狭を地上から永遠に除去しようと努めてゐる国際社会において、名誉ある地位を占めたいと思ふ。われらは、全世界の国民が、ひとしく恐怖と欠乏から免かれ、平和のうちに生存する権利を有することを確認する。

We believe that no nation is responsible to itself alone, but that laws of potential morality are universal; and that obedience to such laws is incumbent upon all nations who would sustain their own sovereignty and justify their sovereign relationship with other nations.

We, the Japanese people, pledge our national honor to accomplish these high ideals and purposes with all our resources.

　われらは、いづれの国家も、自国のことのみに専念して他国を無視してはならないのであつて、政治道徳の法則は、普遍的なものであり、この法則に従ふことは、自国の主権を維持し、他国と対等関係に立たうとする各国の責務であると信ずる。

We, the Japanese people, pledge our national honor to accomplish these high ideals and purposes with all our resources.

　日本国民は、国家の名誉にかけ、全力をあげてこの崇高な理想と目的を達成することを誓ふ。

下線の部分に、平和を希求する国民の強い意志が示されていますね。これに基づき、「恒久平和、戦争放棄、軍隊の不保持、交戦権の否定」を内容とする第9条が設けられました。

（２）第9条の紹介

［第1項］　日本国民は、正義と秩序を基調とする国際平和を誠実に希求し、国権の発動たる戦争と武力による威嚇又は武力の行使は、国際紛争を解決する手段としては、永久にこれを放棄する。
［第2項］　前項の目的を達するため、陸海空軍その他の戦力は、これを保持しない。国の交戦権は、これを認めない。

Article 9 of the Japanese Constitution

（第1項）Aspiring[①] sincerely[②] to an international peace based on justice and order, the Japanese people forever renounce[③] war as a sovereign right[④] of the nation and the threat[⑤] or use of force[⑥] as means[⑦] of settling international disputes[⑧].
（第2項）In order to[⑨] accomplish[⑩] the aim[⑪] of the preceding paragraph[⑫], land, sea, and air forces, as well as[⑬] other war potential[⑭] will never be maintained[⑮]. The right of belligerency[⑯] of the state will not be recognized[⑰].

注釈 ①aspire to ~ ~を希求する（熱望する）、Aspiring … order は理由を表す分詞構文、②sincerely 誠実に（真剣に）、③renounce 放棄する、renounce の目的語は war と the threat or use of force、④sovereign right 主権、⑤threat 威嚇、⑥use of force 武力の行使、⑦means 手段、⑧international disputes 国際紛争、⑨in order to ~ ~するために、⑩accomplish 果たす、⑪aim 目的、⑫preceding paragraph 前項、⑬as well as ~ ~と同様に、⑭war potential 戦力、⑮maintain 保持する、⑯right of belligerency 交戦権、⑰recognize 認める

(3) 第9条案の変遷

　現行の第9条の文案（英文）が確定するまでには、日本側とGHQ側との間で激しいやりとりがあり、文案の変更がくりかえされました。1946年3月、日本側はマッカーサー草案をもとにして下記の文案（日本文は日本側が作成）を提出しました。

[Article 9]
1. War, as a sovereign right of the nation, and the threat of use of force, is forever abolished as a means of settling disputes with other nations.
2. The maintenance of land, sea, and air forces, as well as other war potential, and the right of belligerency of the state will not be recognized.

どこかで見たこの人

[第9条]
1. 戦争ヲ国権ノ発動ト認メ、武力ノ威嚇又ハ行使ヲ他国トノ間ノ争議ノ解決ノ具トスルコトハ永久に之を廃止ス。
2. 陸海空軍其ノ他ノ戦力ノ保持及国ノ交戦権ハ之ヲ認メズ。

　しかし、GHQは日本側がrenounce（放棄）→ abolish（廃止）、will not be authorized（許されない）→ will not be recognized（認められない）としたことに反対。交渉の結果、章のタイトルは日本案の「戦争ノ廃止」（Abolishment of War）→ GHQの「戦争ノ放棄」（Renunciation of War）に変えられ、また「GHQのrenounced」、

「日本側の recognized」で合意しました。和文で憲法のひらがな・口語体化の動きが出て、次のようになりました。

[第9条]
1．国の主権たる戦争と、武力による威嚇又は武力の行使は、他国との間の紛争の解決の手段としては永久にこれを放棄する。
2．陸海空軍その他の戦力は、これを保持してはならない。国の交戦権は、これを認めない。

1946年6月にこの形で帝国憲法改正案として、衆議院に提出されました。その後、衆議院小委員会において芦田均委員長が文案を修正して「自衛力保持」を可能にする解釈が出たりしましたが、結局、8月24日、憲法改正案（政府案）の修正案が「全会一致で」衆議院で可決。1946年11月3日に公布され、1947年5月3日に施行されました。

（4）戦争放棄

上記したように、「戦争放棄」というフレーズについてはGHQと日本政府の間で激しい議論の応酬がありました。また、日本国憲法はアメリカ（GHQ）による「押しつけ憲法」との批判がいまだにあります。これについてのマス・メディアの貴重な情報を紹介します。

1) 東京新聞（2016年8月12日付け）の記事
　記事ではこう述べています。
　（見出し）9条は幣原首相が提案 ── マッカーサー、書簡に明記
　（本　文）日本国憲法の成立過程で、戦争の放棄をうたった9条は、

幣原 喜重郎首相（当時、以下同じ：似顔絵）が
連合国軍総司令部（GHQ）側に提案したとい
う学説を補強する新たな史料を堀尾輝久・東
大名誉教授が見つけた。史料が事実なら、一
部の改憲勢力が主張する「今の憲法は戦勝国の
押しつけ」との根拠は弱まる。

2）テレビ朝日「報道ステーション」（2019 年 2 月 26 日）の放送

　このTVが放送したことで、憲法9条「戦争放棄」の発案者は当時の首相・幣原喜重郎であるという説が注目されました。

　2月26日の放送で、1957年に岸信介首相（当時）が作った憲法調査会の録音データ（ジャーナリスト鈴木昭典氏が発見したもの）の中に、幣原発案説を裏付ける証言があることを報じました。インタビューの質問に答えて幣原氏は「1946年1月24日、私がマッカーサー元帥に申し上げ、第9条という条文になったんだ」ということを発言しています。

　憲法調査会は、GHQの最高司令官を務めたマッカーサー本人からも、書簡で次の証言を得ています。

　　マッカーサー：「戦争を禁止する条項を憲法に入れるようにという
　　　　　　　　　提案」は、幣原総理が行なったのです。

　さらに5月3日の放送では、幣原の盟友・大平駒槌が幣原から直接聞いた話を記録したノートを紹介しています。その中で幣原氏が同様の発言をしています。これらの証言は、一部の人たちの今の憲法はアメリカによる「押付け憲法」との主張を否定する根拠になりそうです。

　ところで、皆さん、一言で「平和」、「戦争」と言いますが、その中身を少し考えてみましょう。

　「平和」とは心配やもめごとがなく、おだやかなことを指します。た

とえば「平和な」暮らしと言いますね。

　平和の反対は戦争でしょうか？　違います。平和ならざる状態です。戦争のない状態が必ずしも平和とは限りません。それは、戦争がなくても、人として持つべき最低の権利をもっているか、不公平がないか、「社会的暴力」がないか、これらをすべて考えた上で平和な状態かどうか判断できるでしょう。

　社会的暴力についてですが、これは社会的に不公平があり、その人の潜在的人格を発揮できないまま生涯を終えてしまうことがあれば、そこには暴力があったといえるでしょう。その暴力とは、個人的な暴力とはもちろん違い、主語がわからず、見えないものです。その社会的暴力に侵されず、調和がとれて、そして、戦争がない状態であって初めて平和といえるのではないでしょうか。

エピソード：憲法の英文での「不思議」

1）9条第1項の

the threat or use of force as (a) means of settling …

　最初の頃の英文では不定冠詞 a があったのに、現行の条文ではありません。いつ消されたのかは不明です。文法的にはmeans は単複同形です。もしかして誰かが複数形に a がつくのはおかしいと考えてとってしまったのかも。

2）the State と the state の違い

　　第1条　The Emperor shall be the symbol of the <u>State</u>.
　　第9条　The right of belligerency of the <u>state</u> ….
　　どちらも「国家」の意味ですが、<u>大文字と小文字の違い</u>が気になりますね。

(5) 第9条の源泉

　9条は、日本国民310万人と中国・朝鮮などの約2,000万人の犠牲を出したアジア・太平洋戦争（1931〜1945年）に対する反省はもちろんですが、1928年にパリで締結された「パリ不戦条約（戦争放棄に関する条約（英語表記）General Treaty for Renunciation of War as an Instrument of National Policy」が源泉と考えられています。これは、第一次世界大戦の反省の上に立って悲惨な戦争を繰り返させないために結ばれた多国間条約で、国際紛争を解決する手段としての戦争を放棄し、紛争は平和的手段により解決することを規定しています。

(6) 憲法の制定過程

　現憲法は下記のような過程を経て制定されました。

　1945年、GHQ（連合国軍総司令部）は新しい民主的な憲法を作るように指示。

　日本政府は憲法問題調査委員会（松本烝治委員長）を設置し、憲法改正草案を作成してGHQに提出

　草案が「天皇主権」、人権保障が不十分であるとして、GHQは草案を拒否して独自に改正案を作成

　（この改正案はマッカーサー3原則　①天皇は「象徴」、②戦争の放棄、③封建制度の廃止を基本。また、改正案は1945年12月に提出された*鈴木安蔵ら民間の憲法研究会の案を参考にしたと言われる）

　日本政府は「GHQ草案」を基に改めて憲法改正案を作成し直す

帝国議会に提出され、貴族院・衆議院で一部修正のうえ可決

1946年、男女普通選挙制度のもとに総選挙実施。新しい衆議院議員を含む帝国議会で審議、全会一致で可決

1946年11月3日、日本国憲法として公布、翌1947年5月3日に施行

注釈 鈴木安蔵①は、高野岩三郎②や森戸辰男③ら7人で民間の「憲法研究會」を創設（1945年11月5日）。鈴木が起草した「憲法草案要綱」（同年12月26日発表、下の写真）は、**GHQ**に届けられ、日本国憲法の起草過程に重要なヒントを与えることになった。

鈴木安蔵①（1904 – 1983）：法学者（憲法学者）・法制史家、静岡大学名誉教授。

高野岩三郎②（1871 – 1949）：統計学者、日本放送協会会長、東京帝大教授、大原社会問題研究所所長。

森戸辰男③（1888 – 1984）：社会思想家、教育者（初代広島大学学長・名誉教授）、政治家（衆議院議員、文部大臣）。

1章　憲法9条とは

（7）憲法9条と核兵器廃止運動

1945年8月6日ヒロシマ、大戦後の冷戦の中でアメリカ・ソ連は、原水爆の実験を重ね、その性能は飛躍的に高まり、また保有国の数も増えていきました。原水爆禁止世界大会は毎年8月に開かれ、そ

長崎大会の開会集会（2017年8月）

のたびに核保有国に核兵器の製造、実験、保有を禁止するアピールが出され、核弾頭は数こそ少し減りましたが、今日、世界にはおよそ14,000発が保有されています。

過去3度の原水爆の残虐性に苛まされた日本は、その後「非核三原則」を国是とし、唯一の被爆国として核兵器の廃絶の運動の先頭に立ち、また9条の重要性を内外に示したことで人類は4度目の核兵器の使用を阻止してきたと言えます。

2017年7月に、国際世論の高まりの中で国連で核兵器禁止条約（Treaty on the Prohibition of Nuclear Weapons）が採択されました。2017年9月20日に署名手続きが開始され、50か国の批准を得て発効します。2019年9月現在、79か国が署名、32か国が批准し、発効に必要な批准まであと18と迫りました。

しかし、核保有国やNATO諸国の大多数は参加していません。アメリカ・ロシアなど核兵器保有国の条約の署名・批准の拒否により、運動拡大への大きな障害になっています。それどころか、日本政府自体も消極的です。被爆者が高齢化し、あと10数年もすれば「生き証人」がいなくなるという事態を迎えています。人類の悲願──核兵器

廃絶に向かって運動を継続・発展させることが正念場に来ています。

2015年4月、New YorkのNPT行動に参加

背景のビルは国連本部　　　　パレードに使った横断幕
（向かって右が著者）

Study Corner

> 憲法はどのような過程を経て定められていったかまとめてみよう。

（8）世界で軍隊を保持しない国と憲法

1）　東京造形大学の前田朗氏は、軍隊のない国である27か国（国連加盟国）を実際に訪問し、『軍隊のない国』という本（日本評論社）にまとめています。それによると、常備軍を廃止した憲法を持つのは次の5か国です。

　コスタリカ(1942年)、リヒテンシュタイン(1921年)、キリバス(1979年)、パナマ(1994年)、日本(1947年)

　ここで、特に軍隊を廃止した中米のコスタリカとパナマを紹介します。

①コスタリカ憲法第12条（1942年制定）

　　常備軍としての軍隊は禁止する。公共の秩序の監視と維持のために必要な警

察力は保持する。

　大陸間協定か国防のために軍隊を編成することができる。軍隊は、常に文民に従う。軍隊は個人的にも集団的にも声明を出すことや代表になることはできない。

　英語版では次のようになっています。
＊ Article 12 of the Constitution of Costa Rica:
　The Army as a permanent institution is abolished. There shall be the necessary police forces for surveillance and the preservation of the public order.

　Military forces may only be organized under a continental agreement or for the national defense; in either case, they shall always be subordinate to the civil power: they may not deliberate or make statements or representations individually or collectively.

　なぜ、この国は軍隊を廃止できたのでしょうか。

　1948年2月に大統領選挙が行われた後、内戦が起こり、新しい政権は荒廃した国を立ち直らせるために教育と人材の育成に大きな力を注ぎ、次第に経済は安定していきました。今では中米諸国のなかでは識字力は非常に高く、コスタリカ憲法78条では「高等教育も含め、国家の公教育費はGDPの6％以下であってはならない」と定めているくらいです。

②パナマ憲法第310条（1994年制定）
　　パナマ共和国は軍隊をもたない。すべてのパナマ人は国家の独立と国土の統一のために武器を取る義務を負う。

その背景は次のようです。

パナマでは20世紀後半は軍事政権が政治を支配し、反政府運動を弾圧。一方、アメリカ軍はそれまでパナマ運河を領有しパナマを軍事的に支配していました。1989年、パナマで実権を握っていたノリエガ政権が反米主義を唱えたためアメリカ軍がパナマに侵攻し、3,000人以上のパナマ人が死亡。そのため、パナマ市民は軍事政権とアメリカの支配に反発。1989年に就任した新大統領はパナマの国防軍という軍隊を解体して「警察隊」を治安・国防組織として確立し、2000年にはパナマ運河をアメリカ政府から返還させました。

なお、憲法に規定していなくとも軍隊を持っていない国はドミニカ、グレナダ、ミクロネシア、パラオなどです。

2) 駒沢大学の西修氏（比較憲法学）の研究（2006年）によると、憲法の中になんらかの平和主義の条項を持っている国は150カ国で、全体（193か国）の82%です。

①「国際紛争の平和的解決」の条項を設けている国：
　　アルジェリア、エクアドル、ニカラグア、パキスタン、日本など。
②「侵略戦争の否認」条項を設けている国：
　　フランス、ドイツ、韓国、バーレーンなど。
　　このうち、ドイツと韓国を紹介します。

<u>ドイツ憲法（1990年制定）</u>
　　（26条1項）諸国民の平和的共同生活をさまたげ、とくに侵略戦争の遂行を準備するのに役立ち、かつ、そのような意図をもってなされる行為は違憲である。このような行為はこれを処罰するものとする。

<u>韓国憲法（1948年制定）</u>
　　（第6条）大韓民国は、全ての侵略的な戦争を否認する。国軍は、国土防衛の神聖な義務を遂行することを使命とする。

③「国際紛争を解決する手段としての戦争放棄」条項を設けている国：
　アゼルバイジャン、エクアドル、ハンガリー、イタリア、日本。
ハンガリー憲法（1990年制定）
　（第6条）ハンガリー共和国は国家間の紛争を解決する手段として戦争を否認し他国の独立もしくは領土保全に対し力を用いること、暴力による威嚇を用いることを慎む。
イタリア共和国憲法（1947年制定）
　（第11条）イタリアは、他の人民の自由の侵害の手段及び国際紛争の解決の方法としての戦争を否認し、他国と平等な条件において諸国民の間の平和及び正義を保障する制度に必要な主権の制限に同意し、そのような目的のための国際組織を促進し、及び支援する。

　ただし、明確に「戦争の放棄」「国際紛争の平和的解決」「戦力の不保持」「交戦権の否認」を定めた日本国憲法第9条は世界でも先進的であると言えますが、年間5兆円もの「防衛費」を使っています。

（9）アメリカ合衆国とロシア連邦の憲法

1）アメリカ合衆国憲法
　第8条「連邦議会の権限」で陸軍・海軍の編成、陸海軍の統帥・規律に関する規則を定めているのみです。他には平和・戦争に関する条項はありません。しかし、アメリカの最大の問題は、憲法修正第2条が、すべてのアメリカ国民に武器保有権を保障していることでしょう。
　修正第2条［武器保有権］［1791年成立］
　　規律ある民兵団は、自由な国家の安全にとって必要であるから、国民が武器を保有し携行する権利は、侵してはならない。
　　（英文：A well regulated militia being necessary to the security of a free state, the right of the people to keep and bear arms, shall not be infringed.）

18世紀にアメリカに渡った西部開拓団はネイティブ・アメリカンなどの攻撃から自主的な「民兵団」を組織して闘い命を守りました。しかし、18世紀と21世紀の環境は、大きく異なっています。18世紀の「規律ある民兵団」が必要という議論が、21世紀の今日、学校で頻発する銃乱射事件のように未成年者に銃を与えることを合法とみなすか否かという議論とは、全く関係がないと言えるのでは…。

　「アメリカライフル協会」という既得権益者が銃規制を妨げています。もっとも日本でも、「9条」の存在と膨大な兵器を製造する既得権益者の矛盾もありますね。

2）ロシア連邦
　第59条〔国防の義務〕
　　祖国の防衛は、ロシア連邦市民の責任であり、義務である。ロシア連邦の市民は、連邦法律にしたがって兵役に服する。
　第88条〔非常事態の導入〕
　　ロシア連邦大統領は、ロシア連邦憲法および連邦の憲法法律に定める事由がある場合その手続により、ロシア連邦の全土またはその一部の地域に非常事態を導入し、遅滞なくこれを連邦会議および国家会議に通知する。

　ロシアでは徴兵制、非常事態導入の条項がきちんと定められています。アメリカと対抗するためにはそうせざるを得ない、という事情があるようです。

(10) 戦争がもたらした残虐性の事実

　第二次世界大戦中における連合国・枢軸国および中立国の軍人・民間人の犠牲者数の総計は7,000万～8,500万人とされます。当時の世界の人口（推定23億人）の約3.0％にあたります（Wikipediaより）。また、この中で無辜の人々が虐殺、ホロコーストの犠牲になった例は

枚挙にいとまがありません。アウシュビッツ、ヒロシマ・ナガサキ、中国その他の諸国などでは想像を絶する被害・加害の事件が起きました。いくつかの例を提供します。

1）アウシュビッツ収容所

ナチス・ヒトラーは、およそ600万（主にユダヤ人）人を虐殺しました。この残虐性は史上最悪の民族抹殺のホロコーストでしょう。

収容者を乗せた貨物の引込み線（2010年3月）

2）血債の塔（シンガポール）

右は、日本軍が行った虐殺行為を忘れないために、シンガポールに築かれた「日本占領時期死難人民記念碑」で「血債（けっさい）の塔」と言われます。中央の小さな碑（写真）には英文で次のように書かれています。

"In deep and lasting sorrow this memorial is dedicated in memory of those of our civilians who were killed between February 15, 1942 and August 15, 1945, when the Japanese armed forces occupied Singapore."

久保田竜子先生提供

（抄訳：1942～1945年に日本軍が占領中に国民が殺害された）

シンガポールでは占領の3年間に「50,000人」が虐殺されたというのが共通認識です。

3）「731部隊」による"人体実験"

　正式名称は「関東軍防疫給水部本部」。中国東北部のハルビンに拠点をおいた細菌戦に使用する生物兵器の研究・開発機関であり、人体実験や、生物兵器の実戦的使用を行っていました。およそ3,000人の中国人捕虜が犠牲になりました。

731部隊罪証陳列館内の展示（2019年9月）

コラム：英語についてのQ&A

Q.1 憲法をなぜ英語でConstitutionというのかな？
A. constitutionはもともと「構造、構成、組織、組成」という意味で、国の基本の組織について決めるものだからConstitutionと呼びます。

Q.2 Article 9のarticleの意味は？
A. articleは「品目、項目、記事、冠詞、条文など」という意味で、constitutionの細かい項目を指します。

Q.3 peace（平和）の語源は？
A. peaceは語源的には、ラテン語「Pax（平和）」⇒古フランス語「Pais（平和）」⇒peace です。ちなみに「pac-」から始まる英単語はラテン語「pax」から直接きた単語です。
（例）pacifist＝平和主義者、Pacific＝太平洋、平和的な、pacify＝（怒りなどを）和らげる

Q.4 war（戦争）の語源は？

A. war の語源は古いドイツ語（Old High German）で「争い」を意味する werra から来ており、中世に入り war となって今日の英語に定着しています。

Q.5 「平和」・「戦争」は各国語ではどう訳されているの？
（注）括弧の中の発音は参考程度のもの。

A.

言　語	平　和	戦　争
英　語	peace（ピース）	war（ウォー）
ドイツ語	frieden（フリーデン）	krieg（クリーク）
フランス語	paix（ペ）	guerre（ゲール）
スペイン語	paz（パス）	guerra（ゲーラ）
ラテン語	pax（パクス）	bellum（ベッルム）
中国語	和平（ピンイン）	战争（チャンヂョン）
ポルトガル語	paz（パズー）	guerra（ゲーラ）
スウェーデン語	fred（フレード）	krig（クリグ）
イタリア語	pace（パーチェ）	guerra（ゲーラ）
エスペラント語	paco（パーツォー）	milito（ミリト）
オランダ語	vrede（ヴレーダ）	oorlog（オールロッヒ）

Q.6 日本と地球の反対側にある島に９条のモニュメントがあります。一体何故そんな所に日本国憲法があるのでしょう？

A. スペインのカナリー諸島のテルデ市に、９条のモニュメントがあります。
https://www.min-iren.gr.jp/?p=6659（2019.12.9）

　1982 年にスペインは NATO（北大西洋条約機構）に加盟しましたが、スペイン全土で加盟反対の運動が盛り上がり、テルデ市は当時の市長、議会が反対を表明、「非核都市宣言」しました。

　その後、市長となったアウレリーノ・フランシスコ・サンチャゴ

氏は、日本国憲法第9条に示された「戦争放棄」を知って感動し、1996年、ついに「ヒロシマ・ナガサキ広場」をつくり、スペイン語の「9条の碑」を掲げました。

落成式には、日本総領事や在留日本人も出席し、広島・長崎市長のメッセージも届けられました。「サンチャゴ市長」はさらに平和市長会議のメンバーとなり、2008年に開かれた「9条世界会議」の国際賛同人になったのです。

テルデ市の「9条モニュメント」
（民医連新聞より転載）

Study Corner

軍隊がなくても、他の国が攻めてきたらどのように国を守ったらいいのか、考えてみよう。

第2章 国際連合憲章・ユネスコ憲章

（1）国際連合（The United Nations）

1）国際連合とは

（国連の旗）

第二次世界大戦において痛恨の犠牲者を出した経験から国際社会は再び悲劇を繰り返すまいと、国際平和・安全の維持のために国際連合を組織しました。1945年10月24日、51ヵ国が参加して設立し、2017年5月現在の加盟国は193か国。日本は1956年に加盟しました。

2）国際連合憲章前文

WE THE PEOPLES OF THE UNITED NATIONS DETERMINED,
- to save succeeding generations from the scourge of war, which twice in our lifetime has brought untold sorrow to mankind, and
- to reaffirm faith in fundamental human rights, in the dignity and worth of the human person, in the equal rights of men and women and of nations large and small, and
- to establish conditions under which justice and respect

for the obligations arising from treaties and other sources of international law can be maintained, and
- to promote social progress and better standards of life in larger freedom.

(和訳)
　われら連合国の人民は、
・われらの一生のうちに二度まで言語に絶する悲哀を人類に与えた戦争の惨害から将来の世代を救い、
・基本的人権と人間の尊厳及び価値と男女及び大小各国の同権とに関する信念をあらためて確認し、
・正義と条約その他の国際法の源泉から生ずる義務の尊重とを維持することができる条件を確立し、
・一層大きな自由の中で社会的進歩と生活水準の向上とを促進すること

アウシュヴィッツの入口 (2010 年 5 月)
(ARBEIT MACHT FREI：働けば自由になる) の文字が…

3) 国連憲章と集団的自衛権
　国連憲章第51条は加盟国に「個別的または集団的自衛の固有の権利」を認めています。日本政府はこれまで、憲法第9条について「自

衛のための必要最小限度の武力の行使は認められている」と解釈し、「個別的自衛権は行使できるが、集団的自衛権は憲法の容認する自衛権の限界を超える」との見解を示していました。

　ところが、2014年7月、閣議決定により従来の憲法解釈を変更して一定の要件を満たした場合に集団的自衛権の行使を容認するという重大な政策変更を行いました。武力行使が許容される要件として次のことを上げています。

　日本と密接な関係にある他国への武力攻撃により日本の存立が脅かされ、国民の生命・自由および幸福追求の権利が根底から覆される明白な危険があるとき

　これは、アメリカが他国と戦争を起こした場合に、日本が事実上アメリカに協力して武力行使を行い、「日本国民の生命・自由」が危険にさらされることを意味し、当時は国民の大きな反対運動が起きましたが、内閣は解釈変更を強行しました。

4）安全保障関連法

　これは一つの独立した法律でなく、2015年9月に成立した改正自衛隊法や改正武力攻撃事態法、改正国際平和協力法など10の法律を束ねた平和安全法制整備法と、新たに制定された国際平和支援法から構成されています。憲法解釈を変更して集団的自衛権の行使が認められたほか、米軍など外国軍への後方支援の内容も拡大され、PKOでは駆けつけ警護などの新任務が認められ、武器使用権限も拡大されました。

　この法律についても、3）の「集団的自衛権の容認」と同じように国民から大きな反対運動が展開されましたが、政府は強行採決し、成立させました。

そして、内閣は憲法9条を「自衛隊の行動は、法律の定めるところにより、国会の承認その他の統制に服する」という内容で、自衛隊を憲法に明記するという「改正案」を出し、いよいよ憲法改正反対の運動が正念場に来ています。

5）集団的自衛権行使の実態
　これを見ると、主に大国が小国へ「侵攻・侵略」していることが分かります。
・アメリカ…1958年レバノン、1965年ベトナム（オーストラリア、ニュージーランドも）、1988年ホンジュラス、1990年ペルシャ湾地域（イギリスも）
・ソ連・ロシア…1956年ハンガリー、1968年チェコスロバキア、1980年、アフガニスタン、1993年タジキスタン
・イギリス…1958年ヨルダン、1964年南アラビア連邦
・フランス…1986年チャド
・キューバ…1983年アンゴラ、
・ジンバブエ、アンゴラ、ナミビア…1998年コンゴ

(2) ユネスコ (UNESCO)

1) ユネスコとは

正式名は国連教育科学文化機関。国際平和と人類の福祉の促進を目的とした国際連合の専門機関で、1945年11月6日ロンドンにおける総会で憲章を採択し、1946年11月4日創設。加盟国数は現在、195か国、日本は1951年7月2日に加盟しました。

（ユネスコの公式マーク）

2) ユネスコ憲章前文

The Governments of the States Parties to this Constitution on behalf of their peoples declare:
この憲章の当事国政府は、この国民に代わって次のとおり宣言する。

That since wars begin in the minds of men, it is in the minds of men that the defences of peace must be constructed;
戦争は人の心の中で生まれるものであるから、人の心の中に平和のとりでを築かなければならない。

That ignorance of each other's ways and lives has been a common cause, throughout the history of mankind, of that suspicion and mistrust between the peoples of the world through which their differences have all too often broken into war;

相互の風習と生活を知らないことは、人類の歴史を通じて世界の諸人民の間に疑惑と不信を起こした共通の原因であり、この疑惑と不信の為に、諸人民の不一致があまりにもしばしば戦争となった。

That the great and terrible war which has now ended was a war made possible by the denial of the democratic principles of the dignity, equality and mutual respect of men, and by the propagation, in their place, through ignorance and prejudice, of the doctrine of the inequality of men and races;

ここに終わりを告げた恐るべき大戦争は、人間の尊厳・平等・相互の尊重という民主主義の原理を否認し、これらの原理の代りに、無知と偏見を通じて人間と人種の不平等という教義を広めることによって可能にされた戦争であった。

That the wide diffusion of culture, and the education of humanity for justice and liberty and peace are indispensable to the dignity of man and constitute a sacred duty which all the nations must fulfil in a spirit of mutual assistance and concern;

文化の広い普及と正義・自由・平和のための人類の教育とは、人間の尊厳に欠くことのできないものであり、かつ、すべての国民が相互の援助及び関心の精神を持って、果たさなければならない神聖な義務である。

That a peace based exclusively upon the political and economic arrangements of governments would not be a peace which could secure the unanimous, lasting and sincere support of the peoples of the world, and that the peace must therefore be founded, if it is not to fail, upon the intellectual and moral solidarity of mankind.

政府の政治的及び経済的取り決めのみに基づく平和は、世界の諸人民の、一致した、しかも永続する誠実な支持を確保できる平和ではない。よって、平和が失われないためには、人類の知的及び精神的連帯の上に築かれなければならない。

For these reasons, the States Parties to this Constitution, believing in full and equal opportunities for education for all, in the unrestricted pursuit of objective truth, and in the free exchange of ideas and knowledge, are agreed and determined to develop and to increase the means of communication between their peoples and to employ these means for the purposes of mutual understanding and a truer and more perfect knowledge of each other's lives;

これらの理由によって、この憲章の当事国は、すべての人に教育の十分で平等な機会が与えられ、客観的真理が拘束を受けずに研究され、かつ、思想と知識が自由に交換されるべきことを信じて、その国民の間における伝達の方法を発展させ及び増加させること並びに相互に理解し、またお互いの生活を一層真実に完全に知るためにこの伝達の方法を用いることに一致し及び決意している。

In consequence whereof they do hereby create the United Nations Educational, Scientific and Cultural Organization for the purpose of advancing, through the educational and scientific and cultural relations of the peoples of the world, the objectives of international peace and of the common welfare of mankind for which the United Nations Organization was established and which its Charter proclaims.

　その結果、当事国は、世界の諸人民の教育、科学及び文化上の関係を通じて、国際連合の設立の目的であり、かつ、その憲章が宣言している国際平和と人類の共通の福祉という目的を促進するために、ここに国際連合教育科学文化機関を創設する。

Study Corner

1．国連憲章と UNESCO 憲章を音読してみよう
2．国連は第二次世界大戦後、どんな役割を果たしてきただろう

第3章 「九条の会」について

(1) 設立と活動

「九条の会」は 2004 年 6 月 10 日、小泉政権（当時）の下で進む改憲状況に危機感をもち、改憲を許さないために「あらゆる努力を今すぐ始めよう」と次の 9 氏が「憲法アピール」を出して結成されました。

大江健三郎（作家）、井上ひさし（作家）、梅原猛（哲学者）、奥平康弘（憲法研究者）、小田実（作家）、加藤周一（評論家）、澤地久枝（作家）、鶴見俊輔（哲学者）、三木睦子（三木武夫元首相夫人）。
（出典：「九条の会」ニュース）。

九条の会のポスター

「憲法アピール」は www.9-jo.jp/ をご覧ください。

全国各地、職場、分野などでアピールに賛同する会が続々と結成され、今日ではその数は 7,500 を超え、講演会、集会、署名など多様な活動を行っています。その活動は会の事務局が発行するニュースに載っています。

(2) 世話人会

2016年9月25日、東京千代田区の明治大学で開いた「九条の会第6回全国交流討論集会」において、九条の会の体制強化のため、事務局が12人からなる「世話人会」を設置したことを紹介しました。

世話人会の構成メンバー

愛敬　浩二
　名古屋大教授、憲法学

浅倉むつ子
　早稲田大教授、労働法

池内　了
　名古屋大名誉教授、宇宙物理学

池田香代子
　ドイツ文学翻訳家

伊藤　千尋
　元朝日新聞記者

伊藤　真
　日弁連憲法問題委員会副委員長

内橋　克人
　経済評論家

清水　雅彦
　日本体育大教授、憲法学

高遠菜穂子
　ボランティア活動家

高良　鉄美
　琉球大教授、憲法学

田中　優子
　法政大総長、江戸文化研究家

山内　敏弘
　一橋大名誉教授、憲法学

（肩書きは当時のもの）

「九条の会」を中心とする全国的な運動によって憲法をめぐる世論が大きく変わって来つつあります。読売新聞の世論調査によると、9条改正については2004年に「改正賛成」が44％、「改正反対」が47％だったのが、2010年には賛成が32％、反対が60％となり、その後の調査でも反対が賛成を大きく上回っています。2019年でも、ほとんどの世論調査で改憲そのものについて反対が上回っています。

（3）「九条の会」ニュースの発信

　九条の会事務局は、毎月3回「ニュース」をネットで発信しています。2006年4月15日から著者（奈良）がそれを要約して英訳し、同じニュースに載せています。最初の英訳版ではNHKの「憲法と9条の改正」についての世論調査の結果を紹介しています。

|最初の英訳版|

NHK survey：
<u>24% for VS 39% against the revision of Article 9</u>
（下線部訳）<u>NHK調査：9条の改正について賛成24%、反対39%</u>

　NHK (Japan Broadcasting Corporation) on April 7 - 9 conducted a public opinion survey on a revision of the Constitution by telephone. The poll results are shown below:

Q. 1 Do you think it necessary to revise the Constitution?
（憲法改正の賛否）

　　Yes, I think so.　　　　　………　42 %　（賛成）
　　No, I don't think so.　　………　19 %　（反対）
　　No, neither.　　　　　　………　32 %　（どちらでもない）
　　Non-respondent　　　　………　 7 %　（無回答）

Q. 2 Do you think it necessary to revise Article 9?
（9条改正の賛否）

　　Yes, I think so.　　　　　………　24 %　（賛成）
　　No, I don't think so.　　………　39 %　（反対）
　　No, neither.　　　　　　………　28 %　（どちらでもない）
　　Non-respondent　　　　………　 9 %　（無回答）

〔参考：2019年3〜4月に実施された「朝日新聞」の同趣旨の世論調査結果〕

Q.1 あなたは、今の憲法を変える必要があると思いますか。
　　変える必要がある　　………　38％
　　変える必要はない　　………　47％
　　その他・答えない　　………　15％

Q.2 あなたは、憲法第9条を変えるほうがよいと思いますか。
　　変えるほうがよい　　………　28％
　　変えないほうがよい　………　64％
　　その他・答えない　　………　8％

（4）最近の「ニュース」の英訳版

　最近の英訳版（2019年7月）を紹介します。

［見出し］Have Thorough Discussion of Constitution
　　　　　（訳：憲法を徹底論議しよう）

［本文］

　The U.S. President insisted during the G20 Conference held in Osaka on June 28 and 29 that "The current Treaty of Japan-U.S. Security is unfair to the U.S. because only the U.S. unilaterally has to assume the duty of defending Japan in times of national emergency." He made this remark in response to latest Japanese prime minister's assertion, saying, "We have a new responsibility. We should make the current treaty into a 'bilateral' one. The security alliance is an 'alliance of blood.' …. But under the present constitutional interpretation, the Self-Defense Forces are not supposed to 'shed blood' in case the U.S. forces are attacked by an enemy."

　In 2015 the current cabinet changed the interpretation of

the "right to collective self-defense" from the past "unconstitutional" to "constitutional" by forcing through the enactment of the "war-laws".

But during the ongoing campaign towards the July 21st Upper House election, the prime minister altered his past statement, saying, "I consider a full exercise of the right to collective self-defense is impossible from the viewpoint of the Constitution." This ambiguous set of statements shows the need for thorough discussion of the Constitution during the election campaign.

注釈 **The Treaty of Japan-U.S. Security** 日本国と米国との安全保障条約、**insist** 主張する、**G20 Conference** 20か国政府、**unilaterally** 一方的に、**times of national emergency** 国の非常時、**bilateral** 二か国、**alliance of blood** 血の同盟、**constitutional interpretation** 憲法解釈、**"right to collective self-defense"** 集団的自衛権、**from the viewpoint of ~** ~の観点から、**ambiguous** あいまいな

(抄訳) アメリカの大統領は、"血の同盟"である日米安保条約は「双務性」であるべきで、日本を一方的に守る「片務性」は間違っている、と批判。日本の首相は、2015年に集団的自衛権の解釈を変えたと主張。しかし憲法との関係であいまい性が残る。今年 (2019年7月) の参議院議員選挙で議論の必要がある。

（5）2004年～2019年までの国内と国外の政治・社会的出来事

（注：2004年は「九条の会」が設立された年）

年	国　　内	国　　外
2004年	イラクのサマワに自衛隊派遣	ブッシュ大統領再選
2005年	福知山線脱線事故107人死亡	ロンドンなど世界各地でテロ
2006年	小泉首相、終戦記念日に靖国神社参拝	北朝鮮が核実験、ミサイルも発射
2007年	国民投票法成立 （憲法審査会設置）	6か国協議、北朝鮮の核無能力化で合意
2008年	日本人4人にノーベル賞	米大統領選、 オバマ氏当選
2009年	民主党、選挙で圧勝、政権交代	新型インフル、WHOが「世界的な流行の病気」と宣言
2010年	尖閣沖で中国漁船が日本の巡視艇と衝突。映像がネット流出	チリ鉱山、作業員33人奇跡の生還
2011年	東日本大震災、原発事故で甚大被害	「アラブの春」で独裁体制崩壊
2012年	米軍のオスプレイ、沖縄に配備	中国トップに習近平氏
2013年	「特定秘密保護法」が成立	スノーデン容疑者、米情報収集活動を暴露
2014年	閣議決定で集団的自衛権の行使を容認	アメリカとキューバが国交正常化へ
2015年	「安全保障関連法」が成立	中東難民、欧州に殺到
2016年	オバマ大統領、ヒロシマを訪問	英国がEU離脱決定
2017年	「南スーダン日報」問題発覚	国連、核兵器禁止条約採択
2018年	陸自、「イラク日報」見つかり公表	米朝が史上初の首脳会談
2019年	参院選、改憲派3分の2に達せず	中国の探査機が月の裏側に世界初の着陸に成功

第4章 生徒の作品（ピースメッセージなど）

　日本と海外の国の生徒たちが英語で「ピースメッセージ」などの交換をしています。ここにそのうちの一部を紹介します。（なお、掲載については各学校の担当教師の了解を得ております —— 著者）

(1) 日本の生徒たちの作品

1) 平和の自己表現　（東京・A中学　2年生）

　2014年ノーベル平和賞を史上最年少で受賞したマララ・ユスフザイさんのニュースを聞いて、授業で子どもたちは「Peace Begins With＋A〜Zの頭文字で始まる名詞」の英作文の練習をしました。

（いくつかスペルミスがあるけど許してね…担当教師）。

次ページの作品の書き方

Peace Begins With＋A〜Z　　平和はA〜Zから始まる。
　　　〃　　　＋ **Arresting** terrorists
　　　　　　　（平和はテロリストを逮捕することから始まる）
　　　　　　：↓
　　　〃　　　＋ **Zest** for international understanding
　　　　　　　（平和とは国際理解への熱意から始まる）

　さあ、あなたも残りのB〜Yについて同じように作ってみませんか？

Peace Begins With

Matsumura Tomohiko

Arresting terrorists.
Brightness.
Children.
Dishes of the world.
Encyclopaedia.
Films of "A boy called H"
Global communications.
Humanity.
I innovation.
Journalism.
Knowledge.
Libaries.
Messages of Malala.
No side.
Optimism.
Praying.
Quiet environment.
Research and development.
Singing together.
Teaching.
Understnding other cultures.
Voting to domocracy.
Writing letters.
X-ray vision.
Yearning for foreign cultures.
Zest for international understanding.

Study Corner

上の文例を訳してみよう。

2) ピースメッセージ
　① 東京・〇中学 1年生

Once upon a time many people were killed.
Children younger than you and their mothers and fathers were killed.
(昔、多くの人が殺された。君たちより若い子どもや、その母や父も殺された)

あなたにとって平和とは何？ →

誰もが生きるための理由を →
もっている

平和とは戦争のないことだ →

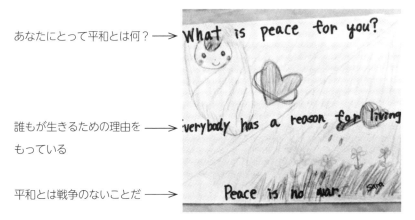

41

② 静岡・F高校 1年生

生徒は友達と相談しながら、一生懸命メッセージを書きました。文法や綴りの間違いが多いけど心がこもっています（担当教師より）。

1．We Love Peace. We hope a turning point for a world without nuclear weapons and war, where the peace principles of the UN Charter are respected.

2．We went to 広島 (Hiroshima) and looked the A-bomb Dome. We felt as if we heard cries of Hibakusha. The tragedy should never be repeated.

3．HAPPINESS by the people, for the people, of the people. Open your mind. Open your eyes. Love yourself. Song for you. Never end LOVE and PEACE and SONG.

海外から届いたピースメッセージの例：

I love Peace. I hope that we can end nuclear warfare and live in harmony with all people. Thank you for sending your peace messages to us here in the U.S. Good luck to everyone, be well.

（私は平和が大好き。私たちは核戦争を終わらせ、全ての人たちと仲良く暮らしたい。アメリカの私たちにメッセージを送ってくださってありがとう。幸運と健康を祈ります）

3）被爆者の証言を読んで

高２の女生徒が新聞に載ったある女性の被爆者の証言を読んで英語で感想を書きました。

I read Ms. *Kouchi's* testimony about the atomic bombing of Hiroshima.

I think war is very cruel.

（2018年８月撮影）

On August 6 and 9, 1945, many people were killed by the atomic bombs. Just thinking about it makes my heart ache. Ms. Kouchi was 16 years old at the time of the atomic bombing and was at the same age as I am now.

I would like you to learn what war was like. Would you read about what happened to Hiroshima after the atomic bomb was dropped?

By reading the description of the destroyed city, even those who do not know war can understand the horror and cruelty of war.

If the atomic bomb fell over me now, and if my life ended at the age of 16, I would be very sad because there are still many things I want to do.

［抄訳］私は「こうち」さんのヒロシマの被爆の証言を読みました。そのとき彼女は今の私と同い年の16歳。考えただけで心が痛みます。

皆さんも、原爆投下後のヒロシマに何が起こったかについて（中国新聞の記事）読んでみませんか？

もし今、原爆が落とされて私の人生が終わったとしたら、やりたいことが沢山あるのにどんなに悲しくなるでしょう！

4)「私の願いを聞いて！」(高校生平和大使)

2017年度・長崎高校生平和大使　富田里奈さん(高校1年)が2017年8月国連欧州本部(ジュネーブ・下の写真)で行ったスピーチです。

（2010年5月著者撮影）

世界のリーダーたちよ、彼女の訴えにぜひ耳を傾けてください！！

Realize a world without nuclear weapons!

I am Rina Tomita from Nagasaki. 72 years ago, an atomic bomb was dropped on my city. It destroyed our town completely and deprived families and friends of their lives and pleasant memories.

Why did such a terrible thing happen? Why are there still people who are suffering from the influence of that war to this day? Such questions would have been impossible for me to answer before I joined a campaign to collect signatures from people who are against nuclear weapons.

When I stood at the corner of a street asking for signatures for the first time, somebody asked me, "What kind of meaning do you think the signatures have?" I could not answer because I did not have enough knowledge. I noticed then that I was ignorant.

I started learning about the terror of atomic bombs and the importance of peace as I listened to stories of survivors and discussed them with my friends. The atomic bomb survivors have a strong hope for the realization of a world without nuclear weapons, although some of them have been suffering from the aftereffects of the bombs or are frightened that they might be struck by a disease related to the bombing.

72 years have passed since World War Ⅱ ended, but there are still disputes and wars throughout the world. A contributing cause, I think, is our ignorance or indifference.

I want to make an effort to tell people about the horrors of war and nuclear weapons, and to make them interested in these subjects as much as I can. Even if my power is small, I believe that by talking with people, I will become an instrument to promote peace.

注釈 **nuclear weapons** 核兵器、**deprive ~ of ...** ～から…を奪う、**influence of that war** その戦争の影響、**ignorant** 知らない、**atomic bomb survivors** 被爆者、**aftereffects** 後遺症、(**be**) **frightened** おびえた、(**be**) **struck by ~** 襲われる、**disputes** 紛争、**contributing cause** 大きな原因、**indifference** 無関心、**make an effort** 努力する、**horrors** 恐怖、**instrument** 手段、**promote peace** 平和を推進する

[抄訳] タイトル「核兵器のない世界を実現しよう！」

　私はなぜ原爆が落とされたのか知りたくて核兵器反対の署名活動に加わりました。

　被爆者の証言も聞き、原爆の後遺症に苦しんでいる人たちのことも知りました。

　戦後72年もたつのにいまだ世界では戦争や紛争が絶えません。私は戦争と核兵器の恐ろしさを人々に訴えたい。自分の力は小さいけど、人々に話すことで平和を推進する手段（語り部）になりたいです。

5）*Machinto*-Hiroshima for Peace プロジェクト

JEARN(ジェイアーン) = <u>J</u>apan <u>E</u>ducation <u>a</u>nd <u>R</u>esource <u>N</u>etwork

　正式名称の「グローバルプロジェクト推進機構」は、世界最大の国際教育ネットワーク、iEARN（アイアーン）の日本センターとして、日本で初めての本格的な国際協働プロジェクトを推進する教育NPO（特定非営利活動法人）。

　「*Machinto*-Hiroshima for Peace」では、「まちんと*」、「My Hiroshima」など3冊の絵本を基本に、各国のプロジェクトに参加した生徒は核爆弾がもたらした事実を学びます。また創造性豊かな絵本やビデオ制作を通して、平和・友情・安全な世界を英語で表現し、世界の子ども達と交流しました。

＊「まちんと」の意味は「もうちょっと」、方言で「まちっと」、これが幼児語になって「まちんと」。そのタイトルからわかるとおり、絵本の主人公はもうすぐ3才になる幼い女の子。広島の原爆にあい、猛火の中トマトをもう少し食べたいと訴えながら亡くなったその女の子が鳥になったというお話。

（2）海外の生徒の作品

次の海外の生徒たちの貴重な作品をよく読んでください。もし気が向いたらあなたもメッセージを海外の生徒たちに書いて送りませんか？！ その仲立ちをします！（著者より）

1）プエルトリコ（注：スペイン語は奈良が和訳）

① La paz es cuando ... 「平和は…ときに（生まれる）」の意。
　書き出しの La paz ... に続けて文を作る「自己表現」の作品です。
　（英語で言えば、Peace is when ... の意）

・(La paz es cuando) somos simpáticos con todas las personas.
　　　　　　　　　　（私たちがみんなに思いやりの心を持つとき）
・(　　〃　　) no eres racista.
　　　　　　　　　　（君が人種差別をしないとき）
・(　　〃　　) tú tienes amor para todas las personas.
　　　　　　　　　　（君が全ての人たちに愛をもつとき）
・(　　〃　　) tú tienes respeto para todas las personas.
　　　　　　　　　　（君がみんなに尊敬の念をもつとき）
・(　　〃　　) tú tienes igualdad.
　　　　　　　　　　（君がみんなを公平に扱うとき）
・(　　〃　　) tú eres honesto con todas las personas.
　　　　　　　　　　（君が全ての人たちに正直になるとき）

Puerto Rico（プエルトリコ）は、「美しい港」の意。西インド諸島中部にあるアメリカ合衆国の自治領。首都はサンフアン。

② Se construye la paz cuando … (スペイン語)
　　= Peace is constructed when … (英語)
「平和は…ときに築かれる」についてのスペイン語の自己表現の練習。
（Se construye la paz）cuando no hay peleas.
　　　　　　　　　　（平和は争いがないとき築かれる）
・（　　〃　　）cuando hay igualdad.
　　　　　　　　（平等性があるとき）
・（　　〃　　）cuando no hay violencia.
　　　　　　　　（暴力がないとき）
・（　　〃　　）cuando no hay racismo.
　　　　　　　　（人種差別がないとき）
・（　　〃　　）cuando nosotros tenemos respeto para nuestros amigos.
　　　　　　　　（私たちが友達に尊敬の念を持つとき）
・（　　〃　　）cuando no hay discriminación.
　　　　　　　　（差別が存在しないとき）

（絵の中の英文は右記の通り）
1. Education is a key for a better future.
2. Responsibility is to understand what is right.
3. Teach values and happy them.
4. Respect others' differences.
5. Hear others' opinions and ideas.

48

4章　生徒の作品（ピースメッセージなど）

2）ウクライナの中学生

ウクライナと言えば、1986年4月26日に起きたチェルノブイリ原発事故。多数の犠牲者を出し、子どもたちにも深い傷跡を残しました…（今も）。

その子どもたちのメッセージ（ロシア語→日本語）

チェルノブイリを忘れないで…
未来のことを考えよう

チェルノブイリは私たちの苦しみ

平和と友情の下に生きていこう！

僕たちは平和を支持します

戦争には「ノー」と言おう

平和は僕らの手の中にある

4章 生徒の作品（ピースメッセージなど）

3）スペイン（小学校5年生）

原爆ドームと大火災の地獄

(2. cola-cao) This project is very impressing and has impacted us because the bomb destroyed all the city and killed the majority of the people.

（絵の中の英文の和訳）
　この（マチント）プロジェクトは、原子爆弾が街のすべてを破壊し多くの市民が殺されたので、大変衝撃的でインパクトがあった。

原爆の巨大な火の玉（？）

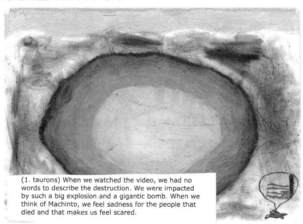

(1. taurons) When we watched the video, we had no words to describe the destruction. We were impacted by such a big explosion and a gigantic bomb. When we think of Machinto, we feel sadness for the people that died and that makes us feel scared.

（絵の中の英文の和訳）
　ビデオを見ていると、破壊状況のすごさに言葉を失った。この巨大な原爆とその爆発力は衝撃的だった。「マチント」のことを思うと、亡くなった人たちに悲しみをおぼえ、原爆の恐ろしさを感じる。

51

4) 台湾・中国

(絵の中の英文の和訳)
自分たちの世界を変えよう！
自分の声を輝かせよう！
まず自分の心を穏やかにしよう！

平和とは子ども達に十分な食料を
与えることだ

平和な世界をつくろう！

平和とは自分の心にたくさんの愛を
育むことだ

4章　生徒の作品（ピースメッセージなど）

5）インド

ときおり人生で唯一必要なのは寛容さと寛大な心であり、そうすれば平和に生きていける。

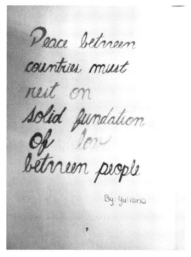

諸国間の平和はその国民同士の固い愛の基盤の上に築かねばならない。

Peace is...（平和とは…）
平和とはリズミカルな心臓の鼓動のようなもの。
……（以下略）

君の涙を分かってくれる友人は、君の笑顔しか知らない多くの友達より貴重なんだよ。

6）トルコ

　日本で2011年「3.11」大地震が発生し、同じ年の10月にトルコ東部のヴァン市でも地震が起き、多数の人々（一人の日本人も含めて！）が犠牲になりました。翌年、この2つの国の生徒がお互いに励まし合うメッセージ交換をしました。（下は2012年3月、著者が訪問したヴァン市のEminpasa小学校5年生のメッセージ）

Hi, my dearest friend, How are you, my Japanese friend?

First of all, we experienced a bad earthquake on 23rd October, and it was 7.2. We share the same fate.

Because you live the same things.

But we have to be hopeful. Now we live in small containers, because our houses collapsed due to the earthquake.

But we are happy to be alive. So don't worry. Be happy.

I love you so much. Please contact me! Love!

　　　　　　（from）Ceylon Kacaci, 5th grade student,
　　　　　　　　　　　Eminpasa P.S. Van / Turkey

（抄訳）10月23日に私たちも強い地震に遭いました。君たちと同じ運命だね。希望を持とうね。家が壊れたので小さなコンテナの中に住んでいます。生きているだけでも幸せ。心配しないで。また連絡くださいね。愛する君たちへ。

4章　生徒の作品（ピースメッセージなど）

　2012年3月12日、著者がトルコ・ヴァン市のEminpasa小学校を訪問し、メッセージを交換。（写真の中央のネクタイ姿が著者）

　（右の絵は、トルコの小学生が描いた地震被害を受けた両国〈日本とトルコ〉の友情の国旗を描いたもの）

55

Study Corner

自己表現練習

前頁までの内外の子どもたちのメッセージを訳し、創意を発揮して自分なりのピースメッセージを作ってみよう。

例1 ( )内に別の単語を入れて意味のある文章を作ってみよう。

1. Peace prevails (when no violence happens).
   → 〃　　(when_____).
2. Peace prevails by (_____).
   → 〃　　(_____).

注釈 prevail 行きわたる

例2 一つの単語のアルファベットに続けて文章を作ってみよう。

Respect is a moral that provokes peace deeper than the ocean.
Every leaf in a tree respects each other.
So is the natural river flow of respect between each other.
Peace decreases,
Every time each of us don't respect all the pieces.
Comprehension of others needs,
Totally in acceptance to the overall goal of peace.

注釈 Respect 尊敬(する)

練習 PEACE (平和) で文章を作ってみよう。

P _____
E _____
A _____
C _____
E _____

第5章 憲法についての世論・意識調査

(1) 中学生・高校生1万人に聞きました！（2015年）

　高校教育研究委員会と子ども全国センターは、「中・高生1万人に憲法についての意識調査」を1977年からほぼ4年おきに実施し、2015年の調査は10回目です。全国28都道府県134校10,969人の公・私立の中・高生から回答が寄せられました。

Q. 憲法9条は、戦後の日本の平和のために役立ったと思いますか。
　〈1つ選択〉

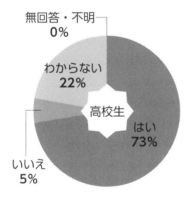
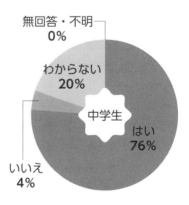

Q. あなたは、日本国憲法を変えることについてどう思いますか。
〈1つ選択〉

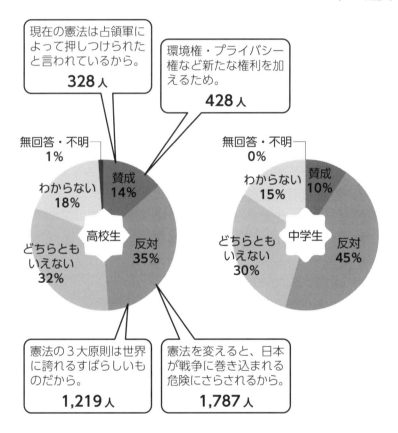

＊高校生の声

　A君：集団的自衛権が行使される方向に向かっている今、自分のクラスにも自衛隊に行く人がおり、とても心配です。将来戦死する人が出てくるかもしれないという現状がとても恐ろしいです。

B君：この70年間争いに巻き込まれなかったのは、憲法に従い、どの国にも被害を与えなかったからであり、その憲法を変えてしまうことは国民との一番大切な約束を破り、裏切ることであり、許せない。

＊著者の総評

アンケートの結果を見ると、中高生の憲法についての考え方は総じて「健全」です！　これは若い世代は「もし戦争が起こったら徴兵されるかもしれない」と自分の将来を危惧しているせいかもしれません。

(注) 下の朝日新聞社による「(2) 憲法についての国民世論調査」の結果と比較してみましょう。

(2) 朝日新聞の全国世論調査

2019年5月3日づけの同紙より掲載します。

◆あなたは、憲法第9条を変えるほうがよいと思いますか。変えないほうがよいと思いますか。

　　変えるほうがよい　　………　28 %
　　変えないほうがよい　………　64 %
　　その他・答えない　　………　 8 %

◆あなたは、今の自衛隊は、憲法に違反していると思いますか。違反していないと思いますか。

　　違反している　　　………　19 %
　　違反していない　　………　69 %
　　その他・答えない　………　12 %

◆今、内閣は憲法9条の1項と2項をそのままにして、新たに自衛隊の存在を明記する憲法改正案を提案しています。あなたは、こうした9条の改正に賛成ですか。反対ですか。

賛　成　　　……… 42 %
反　対　　　……… 48 %
その他・答えない　……… 10 %

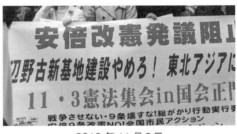

2019年11月3日
国会正門前行動

第6章 資料集

（1）マララ・ユスフザイのスピーチ (抄)

　マララさんと言えば、知らない人はいないでしょう。1997年7月12日生まれ。2012年10月9日スクールバスで下校途中、タリバンの武装集団に銃撃され重傷を負いました。現地で弾丸摘出手術を受けた後、英国の病院に移送され、一命をとりとめたが、15歳の女子学生を狙い撃ちにしたテロ事件は、世界中に大きな衝撃を与えました。2014年、史上最年少でノーベル平和賞受賞。2019年に来日し、感動的なスピーチを行いました。

（出典：https://www.asahi.com/articles/ASH346K4YH34UTIL044.html）

Malala Yousafzai's Speech at the U.N., July 12th, 2013
（2013年7月12日、ニューヨークの国連本部にて）

　Today it is an honor for me to be speaking again after a long time. Being here with such honorable people is a great moment in my life and it is an honor for me that today I am wearing a shawl of Benazir Bhutto.
　今日、久しぶりに皆さんにまたお話しできることを名誉に思います。こうやって立派な方々を前にできることは、私の生涯で貴重な機会です。また、ブート元首相のショールを身につけていることも名誉なことです。

　So here I stand. So here I stand, one girl, among many. I speak not for myself, but for those without a voice can be heard. Those who have fought for their rights.

Their right to live in peace.

Their right to be treated with dignity.

Their right to equality of opportunity.

Their right to be educated.

ですから、ここに立っているのは、多数の中のたった一人の女の子です。私は自分のためではなく、声を届けられない人々のために語るのです。また権利のために闘ってきた人々のために。

平和に生きる権利です。

尊厳を以て扱われる権利です。

機会均等の権利です。

教育を受ける権利です。

The wise saying, "The pen is mightier than the sword," was true. The extremists were, and they are, afraid of books and pens. The power of education frightens them.

賢い諺「ペンは剣よりも強し」は、真実でした。過激派が恐れるのは本とペンです。教育の力こそが怖いのです。

Peace is necessary for education. In many parts of the world, especially Pakistan and Afghanistan, terrorism, war and conflicts stop children to go to their schools.

教育には平和が必要です。世界各地で、とりわけパキスタン、アフガニスタンではテロ・戦争・紛争が、子どもたちの通学を阻みます。

Dear fellows, today I am focusing on women's rights and girls' education because they are suffering the most. There was a time when women social activists asked men to stand up for their rights.

　みなさん。今、私は女性の権利と少女の教育に焦点を当てています。それらが最も苦しみの元だからです。かつて女性社会活動家が、男性にその権利のために立ち上がってほしいと頼んだ時期がありました。

But this time we will do it by ourselves. I am not telling men to step away from speaking for women's rights, rather I am focusing on women to be independent and fight for themselves.

　でも、今度は、私たちがそれを自分たちの力でやるときです。男性に、女性の権利のことには口を挟まないでほしいと言っているのではありません。女性が独立して自分たちの力で闘ってほしいと、強調しているのです。

So dear sisters and brothers, now it's time to speak up. So today, we call upon the world leaders to change their strategic policies in favor of peace and prosperity.

　だから、みなさん。今こそはっきりと言うときなのです。だから、今、私たちは世界のリーダーたちに求めます。戦略的政策を平和と繁栄に向けて変えるようにと。

We call upon the world leaders that all of these deals must protect women and children's rights. A deal that goes against the rights of women is unacceptable.

　世界のリーダーに求めます。全ての政策は女性と子どもの権利を守るものでなければいけない。女性の権利に反するような政策があれば受け入れられません。

We call upon all governments to ensure free, compulsory education all over the world for every child. We call upon all the governments to fight against terrorism and violence. To protect children from brutality and harm.

私たちは全政府に確約を求めます。無料の義務教育を世界中の全ての子どもに与えること。私たちは全政府に確約を求めます。テロや暴力と闘うこと、そして子どもたちを蛮行や危害から保護することを。

Dear brothers and sisters, we want schools and education for every child's bright future. We will continue our journey to our destination of peace and education. No one can stop us. We will speak up for our rights and we will bring change to our voice.

みなさん、全ての子どもの明るい未来のため、私たちは学校と教育を求めます。私たちは、平和と教育という目的地への旅を続けます。誰も止められません。自分たちの権利のために声を上げれば、その声は変化をもたらします。

Dear brothers and sisters, we must not forget that millions of people are suffering from poverty and injustice and ignorance. We must not forget that millions of children are out of their schools. We must not forget that our sisters and brothers are waiting for a bright, peaceful future.

みなさん、忘れてはいけません。何百万人もの人々が、貧困・不正・無知によって苦しんでいることを。何百万人もの子どもたちは学校に行けていないことを、忘れてはいけません。兄弟姉妹が明るい平和な未来を待ち望んでいることを、忘れてはいけません。

So let us wage, so let us wage a glorious struggle against illiteracy, poverty and terrorism, let us pick up, let us pick up our books and our pens. They are the most powerful weapons. One child, one teacher, one book and one pen can change the world.

Education is the only solution. Education first. Thank you.

ですから、無学・貧困・テロとの、栄光の闘いを実行しましょう。さあ、本を、ペンを手に取りましょう。それは最も力のある武器です。一人の子␣も、一人の先生、一冊の本、一本のペンが世界を変えられるのです。

教育こそが唯一の解決策です。まず教育です。ありがとうございました。

Study Corner

マララさんがスピーチで、世界の数百万の子どもたちが教育を受けていない、と訴えています。日本では想像もつきませんが、どうしたらこの状況を改善できるか考えてみよう。

（2）サーロー・節子のスピーチ
　　（2017年ノーベル平和賞受賞）(抄)

　原爆で重傷を負いながら奇跡的に生き残り、余生を核兵器廃絶のために投げうっている彼女のスピーチ、特に被爆場面のスピーチは胸に突き刺さります。

　サーロー・節子は1932年生まれ。現在カナダに在住。

Ⓒ The Nobel Foundation

Setsuko Thurlow
(Oslo City Hall on December 10, 2017)
(サーロー・節子。2017年12月10日、オスロ市庁舎)

　Ladies and gentlemen,
　It is a great privilege to accept this award, together with Beatrice, on behalf of all the remarkable human beings who form the ICAN movement. You each give me such tremendous hope that we can — and will — bring the era of nuclear weapons to an end.
　皆さま、この賞をベアトリスと共に、ICAN運動にかかわる類いまれなるすべての人たちを代表して受け取ることは大変な光栄です。皆さんお一人お一人が、核兵器の時代を終わらせることは可能であるし、私たちはそれを成し遂げるのだという大いなる希望を与えてくれます。
(注) ICAN：核兵器廃絶国際キャンペーン

　I speak as a member of the family of hibakusha — those of us who, by some miraculous chance, survived the atomic bombings of Hiroshima and Nagasaki. For more than seven decades, we have worked for the total abolition of nuclear weapons.

　私は、ヒロシマとナガサキの原爆投下から奇跡的に生き延びた被爆者の一人としてお話をします。私たち被爆者は、70年以上にわたり、核兵器の完全廃絶のために努力をしてきました。

I was just 13 years old when the United States dropped the first atomic bomb, on my city Hiroshima. I still vividly remember that morning. At 8:15, I saw a blinding bluish-white flash from the window. I remember having the sensation of floating in the air.

　米国が最初の核兵器を私の暮らすヒロシマの街に落としたとき、私は13歳でした。私は今でも鮮明にその朝のことを覚えています。8時15分、私は窓から目をくらます青白い閃光を見ました。私は、宙に浮く感じがしたのを覚えています。

We were not content to be victims. We refused to wait for an immediate fiery end or the slow poisoning of our world.

　私たちは、被害者であることに甘んじていられません。私たちは、世界が激しく爆発して終わることも緩慢に毒に犯されていくことも受け入れません。

We refused to sit idly in terror as the so-called great powers took us past nuclear dusk and brought us recklessly close to nuclear midnight.

　私たちは、大国と呼ばれる国々が私たちを核の夕暮れからさらに核の深夜へと無謀にも導いて行こうとする中で、恐れの中でただ無為に座していることを拒みます。

We rose up. We shared our stories of survival. We said: humanity and nuclear weapons cannot coexist.

私たちは立ち上がったのです。私たちは、自分たちの生存の物語を語り始めました。人類と核兵器は共存できない、と。

Thus, with one bomb my beloved city was obliterated. Most of its residents were civilians who were incinerated, vaporized, carbonized — among them, members of my own family and 351 of my schoolmates.

このように、一発の爆弾で私が愛した街は完全に破壊されました。住民のほとんどは一般市民でしたが、彼らは燃えて灰と化し、蒸発し、黒こげの炭となりました。その中には、私自身の家族や、351人の同級生もいました。

In the weeks, months and years that followed, many thousands more would die, often in random and mysterious ways, from the delayed effects of radiation. Still to this day, radiation is killing survivors.

その後数週間、数カ月、数年にわたり、何千人もの人たちが、放射線の遅発的な影響によって、次々と謎めいた形で亡くなっていきました。今日なお、放射線は被爆者たちの命を奪っています。

Nine nations still threaten to incinerate entire cities, to destroy life on earth, to make our beautiful world uninhabitable for future generations. The development of nuclear weapons signifies not a country's elevation to greatness, but its descent to the darkest depths of depravity. These weapons are not a necessary evil; they are the ultimate evil.

今日9カ国は、都市全体を燃やし尽くし、地球上の生命を破壊し、この美しい世界を将来世代が暮らしていけないものにすると脅し続けています。核兵器の開発は、国家の偉大さが高まることを表すものではなく、国家が暗黒の淵へと堕落することを表しています。核兵器は必要悪ではなく、絶対悪です。

On the seventh of July this year, I was overwhelmed with joy when a great majority of the world's nations voted to adopt the Treaty on the Prohibition of Nuclear Weapons. Having witnessed humanity at its worst, I witnessed, that day, humanity at its best. We hibakusha had been waiting for the ban for seventy-two years. Let this be the beginning of the end of nuclear weapons.

今年（2017年）7月7日、世界の圧倒的多数の国々が核兵器禁止条約を投票により採択したとき、私は喜びで感極まりました。かつて人類の最悪のときを目の当たりにした私は、この日、人類の最良のときを目の当たりにしました。私たち被爆者は、72年にわたり、核兵器の禁止を待ち望んできました。これを、核兵器の終わりの始まりにしようではありませんか。

All responsible leaders will sign this treaty. And history will judge harshly those who reject it. No longer shall their abstract theories mask the genocidal reality of their practices.

責任ある指導者であるなら、必ずや、この条約に署名するでしょう。そして歴史は、これを拒む者たちを厳しく裁くでしょう。もはや彼らの抽象的議論は、それが実は大量虐殺であるという現実を隠すことはできないでしょう。

No longer shall "deterrence" be viewed as anything but a deterrent to disarmament. No longer shall we live under a mushroom cloud of fear.

　もはや「抑止」論なるものは、軍縮を抑止するものでしかないことは明らかです。私たちはもはや、恐怖のキノコ雲の下で生きることはしないのです。

　To the officials of nuclear-armed nations — and to their accomplices under the so-called "nuclear umbrella" — I say this: Listen to our testimony. Heed our warning.

　核武装国の政府の皆さんに、そして、「核の傘」なるものの下で共犯者となっている国々の政府の皆さんに申し上げたい。私たちの証言を聞き、私たちの警告を心に留めなさい。

　And know that your actions are consequential. You are each an integral part of a system of violence that is endangering humankind. Let us all be alert to the banality of evil.

　そして、自分たちの行動が重大であることを知りなさい。あなたたちは皆、人類を危機にさらしている暴力システムの不可欠の一部なのです。私たちは皆、悪の陳腐さに気づかなければなりません。

　To every president and prime minister of every nation of the world, I beseech you: Join this treaty; forever eradicate the threat of nuclear annihilation.

　世界のすべての国の大統領や首相たちに懇願したい。核兵器禁止条約に参加し、核による絶滅の脅威を永遠に除去してください。

Study Corner

第二次世界大戦後 70 年を経ても一向に核兵器は廃止できていません。どうすればいいか考えてみよう。

（3）ラッセル・アインシュタイン宣言（抄）

「へー、こんな『宣言』があったんだ！」、私も初めて知りました。優れた内容なので取り上げました。

イギリスの哲学者・バートランド・ラッセル卿（下図左）と、アメリカの物理学者・アルベルト・アインシュタイン博士（下図中央）が中心となり、1955年7月9日にロンドンにて当時の第一級の科学者ら11人（日本の故・湯川秀樹博士〈下図右〉も含む）の連名で、米ソの水爆実験競争という世界情勢に対して提示された核兵器廃絶・科学技術の平和利用を訴えた宣言文です。（日本パグウォッシュ会議提供）

RUSSELL - EINSTEIN MANIFESTO
（ラッセル・アインシュタイン宣言）

In the tragic situation which confronts humanity, we feel that scientists should assemble in conference to appraise the perils that have arisen as a result of the development of weapons of mass destruction, and to discuss a resolution in the spirit of the appended draft.

私たちは人類が直面する悲劇的な情勢の中で、科学者たちが会議に集まって、大量破壊兵器の発達の結果として生じてきた危険を評価し、ここにそえられた草案の精神において決議を討論すべきであると感じている。

The world is full of conflicts;

and, overshadowing all minor conflicts, the titanic struggle between Communism and anti-Communism.

世界は紛争にみちみちている。そしてすべての小さな紛争の上にかぶさっているのは、共産主義と反共産主義との巨大なたたかいである。

The question we have to ask ourselves is:

what steps can be taken to prevent a military contest of which the issue must be disastrous to all parties?

私たちが考えなくてはならないのは、どんな処置をとればすべての側に悲惨な結末をもたらすに違いない軍事的な争いを防止できるかという問題である。

No doubt in an H-bomb war great cities would be obliterated.

But this is one of the minor disasters that would have to be faced.

疑いもなく、水爆戦争では大都市が抹殺されてしまうだろう。

しかしこれは、私たちの直面しなければならない小さな惨事の1つである。

If everybody in London, New York, and Moscow were exterminated, the world might, in the course of a few centuries, recover from the blow.

たとえロンドンやニューヨークやモスクワのすべての市民が絶滅したとしても2、3世紀の間には世界はその打撃から回復するかもしれない。

The best authorities are unanimous in saying that a war with H-bombs might possibly put an end to the human race.

しかし最も権威ある人々は一致して水素爆弾による戦争は実際に人類に終末をもたらす可能性が十分にあることを指摘している。

　It is feared that if many H-bombs are used there will be universal death, sudden only for a minority, but for the majority a slow torture of disease and disintegration.
　もし多数の水素爆弾が使用されるならば、全面的な死滅がおこる心配がある。──瞬間的に死ぬのはほんのわずかだが、多数の者はじりじりと病気の苦しみをなめ、肉体は崩壊してゆく。

　Shall we put an end to the human race; or shall mankind renounce war?
　People will not face this alternative because it is so difficult to abolish war.
　私たちは人類に絶滅をもたらすか、それとも人類が戦争を放棄するか？
　人々はこの二者択一という問題を面とむかってとり上げようとしないであろう。というのは、戦争を廃絶することはあまりにもむずかしいからである。

　The abolition of war will demand distasteful limitations of national sovereignty.
　戦争の廃絶は国家主権に不快な制限を要求するであろう。

　People hope that perhaps war may be allowed to continue provided modern weapons are prohibited. This hope is illusory.
　人々は、近代兵器さえ禁止されるなら、おそらく戦争は続けてもかまわないと思っている。この希望は幻想である。

Although an agreement to renounce nuclear weapons as part of a general reduction of armaments would not afford an ultimate solution, it would serve certain important purposes.

軍備の全面的削減の一部として核兵器を放棄する協定は、最終的な解決をあたえはしないけれども、一定の重要な目的には役立つであろう。

First: any agreement between East and West is to the good in so far as it tends to diminish tension.

第一に、およそ東西間の協定は、これが緊張の緩和をめざすかぎり、どんなものでも有益である。

Second: the abolition of thermo-nuclear weapons, if each side believed that the other had carried it out sincerely, would lessen the fear of a sudden attack in the style of Pearl Harbour, which at present keeps both sides in a state of nervous apprehension.

第二に、熱核兵器の廃棄は、もし相手がこれを誠実に実行していることが双方に信じられるとすれば、現在双方を神経的な不安状態におとしいれている真珠湾式の奇襲への恐怖をへらすことになるであろう。

We should, therefore, welcome such an agreement though only as a first step.

それゆえ私たちは、たんに第一歩としてではあるが、そのような協定を歓迎すべきである。

There lies before us, if we choose, continual progress in happiness, knowledge, and wisdom.

私たちのまえには、もし私たちがそれをえらぶならば、幸福と知識と知恵の絶えまない進歩がある。

Shall we, instead, choose death, because we cannot forget our quarrels? We appeal, as human beings, to human beings:

私たちの争いを忘れることができぬからといって、そのかわりに、私たちは死を選ぶのであろうか？　私たちは、人類として、人類にむかって訴える。

Remember your humanity, and forget the rest. If you can do so, the way lies open to a new Paradise; if you cannot, there lies before you the risk of universal death.

あなたがたの人間性を心にとどめ、そしてその他のことを忘れよ、と。もしそれができるならば、道は新しい楽園へむかってひらけている。もしできないならば、あなたがたの前には全面的な死の危険が横たわっている。

[Resolution]:

We invite this Congress, and through it the scientists of the world and the general public, to subscribe to the following resolution:

In view of the fact that in any future world war nuclear weapons will certainly be employed,

and that such weapons threaten the continued existence of mankind,

we urge the Governments of the world to realize, and to acknowledge publicly, that their purpose cannot be furthered by a world war,

and we urge them, consequently, to find peaceful

means for the settlement of all matters of dispute between them.

［決議］
　私たちは、この会議を招請し、それを通じて世界の科学者たちおよび一般大衆に、次の決議に署名するようすすめる。
　「およそ将来の世界戦争においては必ず核兵器が使用されるであろうし、そしてそのような兵器が人類の存続をおびやかしているという事実からみて、私たちは世界の諸政府に、彼らの目的が世界戦争によっては促進されないことを自覚し、このことを公然とみとめるよう勧告する。したがってまた、私たちは彼らに、彼らのあいだのあらゆる紛争問題の解決のための平和的な手段をみいだすよう勧告する。」

Study Corner

「第三次世界大戦」を防ぐために私たち一人ひとりに何ができるか考えてみよう。

（4）チャップリンの『独裁者』のスピーチ

サー・チャールズ・チャップリン（Sir Charles Chaplin）（1889年－1977年）は、イギリス出身の映画俳優、映画監督、コメディアン、映画プロデューサー。

チャップリンと言えば、「喜劇役者」というイメージが強いですが、下のスピーチは、超有名な『独裁者』（原題：The Great Dictator）という映画（1940年製作）の最後のシーンでの演説で、超真面目な作品です。

「よくぞここまで言い切った」、と何度でも読みたくなる感動的なスピーチです。最初に見たときは思わず落涙しました。

（出典："The Story of Charles Chaplin" 安藤富雄編著 三友社出版 2018年）

> I'm sorry, but I don't want to be an emperor. That's not my business. I don't want to rule or conquer anyone. I should like to help everyone if possible — Jew, Gentile, black man, white.
>
> 申し訳ないが、私は皇帝などになりたくない。それは私には関わりのないことだ。誰も支配も征服もしたくない。できることなら皆を助けたい、ユダヤ人も、異教徒も、黒人も、白人も。
>
> （注）Gentileは「特にユダヤ人からみた非ユダヤ教徒」をさす。
>
> We all want to help one another, human beings are like that. We want to live by each other's happiness, not by each other's misery. We don't want to hate and despise one another.
>
> 私たちは皆、助け合いたいのだ。人間とはそういうものなんだ。私たちは

皆、他人の不幸ではなく、お互いの幸福と寄り添って生きたいのだ。私たちは憎み合ったり、見下し合ったりなどしたくないのだ。

In this world there's room for everyone and the good earth is rich, and can provide for everyone. The way of life can be free and beautiful. But we have lost the way. Greed has poisoned men's souls, has barricaded the world with hate, has goose-stepped us into misery and bloodshed.

この世界には、全人類が暮らせるだけの場所があり、大地は豊かで、皆に恵みを与えてくれる。人生の生き方は自由で美しい。しかし、私たちは生き方を見失ってしまったのだ。欲が人の魂を毒し、憎しみと共に世界を閉鎖し、不幸、流血の惨事へと私たちを行進させた。

We have developed speed, but we have shut ourselves in. Machinery that gives abundance has left us in want.

私たちはスピードを開発したが、それによって自分自身を孤立させた。ゆとりを与えてくれる機械により、貧困を作り上げた。

Our knowledge has made us cynical, our cleverness hard and unkind. We think too much and feel too little. More than machinery, we need humanity. More than cleverness, we need kindness and gentleness. Without these qualities life will be violent, and all will be lost.

知識は私たちを皮肉にし、知恵は私たちを冷たく、薄情にした。私たちは考え過ぎで、感じなさ過ぎる。機械よりも、私たちには人類愛が必要なのだ。賢さよりも、優しさや思いやりが必要なのだ。そういう感情なしには、世の中は暴力で満ち、全てが失われてしまう。

The aeroplane and the radio have brought us closer together. The very nature of these inventions cries out for the goodness in men, cries out for universal brotherhood for the unity of us all.

飛行機やラジオが私たちの距離を縮めてくれた。そんな発明の本質は人間の良心に呼びかけ、普遍的な同胞愛と世界が一つになることを求めている。

Even now my voice is reaching millions throughout the world, millions of despairing men, women and little children — victims of a system that makes men torture and imprison innocent people.

今も、私の声は世界中の何百万人もの人々のもとに、絶望した男性たち、女性たち、子どもたち、罪のない人たちを拷問し、投獄する組織の犠牲者のもとに届いている。

To those who can hear me I say: "Do not despair. The misery that is now upon us is but the passing of greed, the bitterness of men who fear the way of human progress, the hate of men who will pass, and dictators die. And the power they took from the people will return to the people. And so long as men die, liberty will never perish."

私の声が聞こえる人達に言う、「絶望してはいけない」。私たちに覆いかぶさっている不幸は、単に過ぎ去る欲であり、人間の進歩を恐れる者の嫌悪なのだ。憎しみは消え去り、独裁者たちは死に絶え、人々から奪いとられた権力は、人々のもとに返されるだろう。決して人間が永遠には生きることがないように、自由も滅びることもない。

Soldiers, don't give yourselves to brutes — men who despise you, enslave you, who regiment your lives, tell you what to do, what to think and what to feel, who drill you, diet you, treat you like cattle, use you as cannon fodder.

兵士たちよ、獣たちに身を託してはいけない。君たちを見下し、奴隷にし、人生を操る者たちは、君たちが何をし、何を考え、何を感じるかを指図し、そして、君たちを仕込み、食べ物を制限する者たちは、君たちを家畜として、単なる大砲の餌食として扱うのだ。

Don't give yourselves to these unnatural men! Machine men, with machine minds and machine hearts! You are not machines! You are not cattle! You are men! You have the love of humanity in your hearts. You don't hate. Only the unloved hate, the unloved and the unnatural.

そんな自然に反する者たち、機械のマインド、機械の心を持った機械人間たちに、身を託してはいけない。君たちは機械じゃない。君たちは家畜じゃない。君たちは人間だ。君たちは心に人類愛を持った人間だ。憎んではいけない。愛されない者だけが憎むのだ。愛されず、自然に反する者だけだ。

Soldiers, don't fight for slavery! Fight for liberty! In the seventeenth chapter of St. Luke it is written: "The Kingdom of God is within man." Not one man, nor a group of men, but in all men! In you!

兵士よ。奴隷を作るために闘うな。自由のために闘え。『ルカによる福音書』の17章に、「神の国は人間の中にある」と書かれている。一人の人間ではなく、一部の人間でもなく、全ての人間の中なのだ。君たちの中になんだ。

You, the people, have the power! The power to create machines. The power to create happiness. You the people have the power to make this life free and beautiful, to make this life a wonderful adventure.

君たち、人々は、機械を作り上げる力、幸福を作り上げる力があるんだ。君たち、人々は人生を自由に、美しいものに、この人生を素晴らしい冒険にする力を持っているんだ。

Then in the name of democracy, let us use that power. Let us all unite! Let us fight for a new world. A decent world, that will give men a chance to work, that will give youth a future and old age a security.

だから、民主主義の名のもとに、その力を使おうではないか。皆でひとつになろう。新しい世界のために、皆が雇用の機会を与えられる、君たちが未来を与えられる、老後に安定を与えてくれる、常識ある世界のために闘おう。

By the promise of these things, brutes have risen to power. But they lie. They do not fulfill that promise. They never will. Dictators free themselves, but they enslave the people.

そんな約束をしながら獣たちも権力を伸ばしてきたが、奴らは嘘をつく。約束を果たさない。これからも果たしはしないだろう。独裁者たちは自分たちを自由にし、人々を奴隷にする。

Now let us fight to fulfill that promise. Let us fight to free the world. To do away with national barriers. To do away with greed with hate and intolerance.

今こそ、約束を実現させるために闘おう。世界を自由にするために、国境

という障壁をなくすために、憎しみと耐え切れない苦しみと一緒に貪欲を失くすために闘おう。

Let us fight for a world of reason. A world where science and progress will lead to all men's happiness. Soldiers, in the name of democracy, let us all unite!

理性のある世界のために、科学と進歩が全人類の幸福へと導いてくれる世界のために闘おう。兵士たちよ。民主主義の名のもとに、皆でひとつになろう。

Study Corner

あなたもチャップリンに"なったつもり"で演説してみませんか？

（5）杉原 千畝（すぎはら ちうね）（6,000人の命のビザ）(抄)

　杉原千畝（1900－1986）という日本の外交官をご存じですか？　彼は、第二次世界大戦中の1940年8月、日本の外務省の指示に反してリトアニアの日本領事館の外交官として、ナチスに追われてきた数千人のユダヤ人を助けようと自らの危険もかえりみずに、ビザを発行し続け、およそ6,000人の命を救いました。戦後、彼が1947年に帰国後、外務省は命令に反したとして彼をクビにしてしまい、長い間"不遇の存在"にしました。

　しかし、イスラエル政府は彼の業績をたたえるため、日本で彼の所在を突き止め、1985年1月に"Righteous Among Nations（諸国民の中の正義）"というメダルを贈りました。近年、彼の業績をたたえる映画が製作されたりして知名度は上がってきています。

　外務省の命令に反抗したただ一人の"人道主義の外交官"と言えます。

（出典："Visas for 6,000 Lives" 安藤富雄監修　三友社出版　2001年）

　In 1933, Hitler, the head of the Nazis, came to power in Germany. He regarded Jews as an inferior. He hated them. The Nazis tried to wipe them off the face of the earth.

　1933年、ナチスの党首ヒトラーはドイツで政権を取った。彼はユダヤ人を劣った民族とみなした。憎しみも持った。ナチスは地球上から彼らを消し去ろうとした。

　In 1935, Jews were deprived of all civil rights in Germany. They were caught and killed in great numbers.

1935年、ユダヤ人はドイツですべての市民権を奪われた。彼らは多数捕えられ、殺された。

One of the Jews who met with Consul Sugihara in Kaunas said in a low, sorrowful voice, "Out of 3,500,000 Jewish people who lived in Poland, only a handful have been able to escape abroad. The others have all been killed. There's no hope for us, unless we can get to the free world by way of Japan."

カウナスで杉原領事と出会ったユダヤ人の一人は低い、悲しい声で言った。「ポーランドに住んでいた350万人の内、ほんの一握りの人たちが外国へ逃れました。他の人たちはすべて殺されました。日本経由で自由な世界へたどり着かなければ私たちに希望はありません」。

If he issued visas to the Jews, it would make the Nazis very angry. Yet, the appeals of the Jewish refugees had touched him deeply.

もし彼がビザを発給すればナチスを非常に怒らせるだろう。しかし、ユダヤ人難民の訴えは彼の心を深く打っていた。

At last Chiune said to his wife Yukiko, "I'll send a telegram home the Japanese Foreign Ministry. I can't make such a tough decision all by myself."

とうとう千畝は妻の幸子に言った。「私は日本の外務省に電報を打とう。私は自分一人でこんな難しい判断はできない」。

On August 1 in 1940, after having breakfast, consul

Sugihara started to write visas. Day after day, he continued writing. His body became thinner and his eyes became redder. He continued writing for more than 20 days!

　1940年8月1日、杉原領事は、朝食後ビザを書き始めた。毎日書き続けた。体はやせ細り、目も赤くなりだした。なんと20日以上も書き続けたのだ！

アウシュビッツの生存者と（2010年）

Study Corner

杉原氏が「日本のシンドラー」と呼ばれているのを知っていますか？
これについて少し調べてみよう。

(6) アンネの日記 (抄)

　『アンネの日記』といえば、あまりにも有名で、知らない人はいないと思います。ここに掲載したのは日記のほんの一部です。

　アンネ・フランク（Anne Frank : 1929 - 1945）は 1929 年 6 月 12 日にドイツのフランクフルトに生まれ、父は銀行員でした。その年、ドイツは混乱状態にあり、街には貧乏人と失業者があふれ、ほとんどのドイツ人が生活にとても不満をもっていました。

　アドルフ・ヒトラー率いる国家社会主義ドイツ労働者党は、ひどい貧困とあふれる失業の原因をユダヤ人になすりつけ、この状況を巧みに利用して、台頭してきました。1933 年ヒトラーは首相になり、ナチス以外のすべての政党を禁止。フランク一家は 1933 年秋、ドイツからアムステルダムに移住せざるを得ませんでした…。

　1942 年 6 月 12 日に、アンネは 13 歳の誕生日に父から 1 冊の日記帳をもらい、それをキティ（Kitty）と名付けました。アンネは、この日記帳を一番仲の良い親友、どんなことでも打ち明けられる「心の友」にしようと考え、日記の最初のページに次のように書きました。

（出典：ANNE FRANK FONDS Basel Switzerland　アンネフランク財団）

（最初の日記　1942 年 6 月 12 日）

　I hope I shall be able to confide in you completely, as I have never been able to do in anyone before, and I hope that you will be a great support and comfort to me.

　あなたになら、これまで誰にも話せなかったこと、どんなことでも、打ち明けられるでしょうね。私の大きな支えになってくださいね。

20 June 1942

It's an odd idea for someone like me to keep a diary, not only because I have never done so before, but because it seems to me that neither I nor for that matter, anyone else — will be interested in the unbosoming of a thirteen-year-old schoolgirl.

1942年6月20日

　私みたいな人にとって、日記をつけるのは、不思議な気持ちです。それは、今まで日記を書いたことがないからだけではありません。後になって、13歳の女生徒の告白にほかの誰かが、私自身でさえも、興味をもつことなんてないという思いが胸に浮かんだからです。

1 July 1942
Dear Kitty,

I had bought a cream cake, sweets, tea and fancy biscuits, quite a spread, but neither Hello nor I felt sitting stiffly side by side indefinitely, so we went out for a walk, and it was already ten past eight when he brought me home. Daddy was very cross, and thought it was very wrong of me because it is dangerous for Jews to be out after eight o'clock, and I had to promise to be in by ten to eight in future.

1942年7月1日
愛するキティへ、
　私はケーキやお菓子、紅茶やクッキーなどいろいろなものを買っておきま

した。でも、ヘロー（アンネの友人）も私も椅子に座ったままでいるのにうんざりしてきました。そこで一緒に散歩にでかけ、彼に送られてやっと午後8時10分過ぎに帰ってきました。父はそんなに遅くなるとは何事かと、ものすごく怒りました。ユダヤ人が8時過ぎて、戸外に出るのは危険なのです。それで、8時10分前には帰宅するよう、約束させられました。

2 May 1943

If I think of how we live here, I usually come to the conclusion that it is a paradise compared with how other Jews who are not in hiding must be living.

1943年5月2日

私はこの生活を考えるたびに、隠れ家ではない所に住んでいるほかのユダヤ人に比べたら、私たちは天国にいるようなものだといつも思うのです。

29 October 1943

My nerves often get the better of me: it is especially on Sundays that I feel rotten. The atmosphere is so oppressive, and sleepy and as heavy as lead; you don't hear a single bird singing outside, and a deadly sultry silence hangs everywhere, catching hold of me as if it would drag me down deep into an underworld. (...) 'Go outside, laugh, and take a breath of fresh air,' a voice cries within me; but I don't even feel a response any more; I go and lie on the divan and sleep, to make the time pass more quickly, and the stillness and the terrible fear, because there is no way of killing time.

1943年10月29日

ときどき私は、重苦しい気分に負けてしまいます。とくに日曜日には、私

はみじめに感じます。そうすると、家全体の気分がゆううつに沈み、どんよりとして鉛のように重苦しく、外は鳥の声一つ聞こえず、死んだような息苦しい沈黙が立ち込めます。そして、この重苦しさが私にとりついて、私を地獄の底へ引きずり込もうとしているように思えるのです。(…)「外へ出よ、笑え！　そして新鮮な空気を吸いなさい」と、私の胸の中の声が叫びます。でも私は返事をする気力もなく、寝椅子に横たわって眠るのです。時間と、沈黙と、たまらない恐怖を、乗り越えるのではなく、やり過ごすために。
(注：divan 寝椅子)

28 January 1944

It is amazing how much noble, unselfish work these people are doing, risking their own lives to help and save others. Our helpers are very good example. Never have we heard one word of the burden which we certainly must be to them, never has one of them complained of all the trouble we give.

1944年1月28日

　自分の命を懸けて他人を援助し、救出している人たち、この人たちがどんなに多くの、どんなに気高い、そして無私の仕事をしているのか、本当に驚くほかはありません。その最も良い例が、私たちを助けてくれている人たちです。私たちはずいぶん負担をかけているに違いないのに、そんな口ぶりをただの一言も聞いたことはありませんし、大変な苦労をかけているのに、誰一人からも、不平を耳にしたことはありません。

3 May 1944

(...) What, oh what is the use of the war, why can't people live peacefully together, why all this destruction? (...) Oh why are people so crazy?

I am young and I possess many buried qualities (...) I have been a lot, a happy nature, a great deal of cheerfulness and strength. Everyday I feel that I am developing inwardly, that the liberation is drawing nearer and how beautiful nature is, how good the people about me, how interesting and amusing this adventure! Why, then, should I be in despair?

1944年5月3日

(…) 何のために、ああ、いったい何のために、戦争はあるの？

なぜ人々は仲良く、平和に生きていけないのでしょう？ どうして、あらゆるものを破壊しなければならないの？（…）ああ、どうして人間はこんなに狂っているのかしら？

私は若くまだ多くの未知の素質を持っています（…）。明るい性格、あふれる快活さ、それに強さといった多くのものが私には与えられています。私は毎日感じています。私の内面の成長を、解放の接近を、自然の美しさを、周りの人々の善良さを、さらに、この冒険の面白さ楽しさを！ 絶望なんて、どうしてするかしら？

1 August 1944（最後の日記）

I have already told you before that I have as it were dual personality. One half embodies my exuberant cheerfulness, making fun of everything, vivacity and above all the way I take everything lightly. (...) This side is usually lying in wait and pushes away the other, which is much better, deeper and purer. (...) no one knows Anne's better side.

1944年8月1日（最後の日記）

　前にも一度お話ししたけれど、私の心は2つに分かれているのよ。その一面は、あけっぴろげの快活さ、いろんなことへの悪ふざけ、あふれるほどの喜び、そして何より、物事の明るい面を見ようとする考え方、そうしたものを持っているわ。(…) たいていの場合、この面がのさばりだして、もう一つのはるかに美しく、純粋で、深い面を押しのけてしまうの。(…) アンネのこの良い面を知っている人は、一人もいないのよ。

　（注）「最後の日記」（8月1日）から3日後の8月4日ドイツ警察が「隠れ家」を襲い、アンネ一家を含む8人のユダヤ人を連行し、強制収容所に移送した。アンネは1945年3月初め、ベルゲン・ベルゼン収容所で発疹チフスで死亡（15才9ヶ月の短い人生）。

　一家で唯一戦後まで生存した父親のオットー・フランクが「隠れ家」に残っていたアンネの日記を1947年にオランダ語で出版した。1950年にドイツ語訳とフランス語訳、1952年に英訳が出版。その後日本語など各国語に翻訳され、世界的ベストセラーになった。

エピソード：え？　アンネの父（Otto H. Frank）から新英研にメッセージ届く？！

　今からちょうど40年前の本当の話です。新英研はアンネの日記をそれまでに教材化しており、1979年の全国大会委員長だった故・伴和夫（ばん・かずお）さんが出した手紙に対し返信メッセージがフランクさんから届きました。その一部を紹介します。

なお、手紙の掲載については三友社 川口社長の了解を得てあります。

（出典：三友社出版『新英語教育』1979年8月号）

Dear Mr. Ban,　　　　　　　　　　(16th of June 1979)

It was a pleasure for me and my wife to receive your kind letter from which I learned that on July 30th the Great Meeting of the English Education Study Center Society will take place in Takarazuka City.

I was glad to hear that most of the English teachers in Japan are using my daughter Anne's Diary in their English classes. I am sure the students will be inspired by it.

Anne became a symbol of peace in your country. She hated war. I want to draw your attention to the sentence which she wrote on May 3rd 1944: "What, oh, what is the use of war? Why can't people live peacefully together?"

This is a call upon us to work for better understanding among people, so that there will come a time where no wars will be raging any more and the world will be a better place to live in.　　　　　　　　*Otto H. Frank*

[抄訳]

親愛なる伴先生　　　　　　　　　　（1979年6月16日付）

　私は日本のほとんどの英語教師が娘のアンネの日記を授業で使っていることを聞いて嬉しいです。生徒たちが勇気づけられているでしょう。

アンネはあなたの国では平和のシンボルになりました。娘は戦争が大嫌いでした。1944年5月3日付けの日記に注目してください。こう書いています。「ああ、戦争をやって何の価値があるの？　なぜ人々は一緒に平和に暮らせないの？」。

　これは私たち人間がもっと理解し合うよう努力すべきだという呼びかけです。そうすれば戦争がもう荒れ狂うことのない時代が来て、世界がもっと住みよい所になるでしょう。

オットー・H. フランクより

Study Corner

アンネの日記を気持ちを込めて音読してみよう。

（7）オバマ大統領のヒロシマ・スピーチ（抄）

2016年5月27日、オバマ氏はアメリカの現職の大統領として初めてヒロシマを訪問し、スピーチを行いました。

彼のスピーチは文学的にも格調高い英文なので取り上げてみました。一部の被爆者団体から内容に異論が出ていましたが…。

（出典：『日本経済新聞』 2016年5月27日掲載）

　Seventy-one years ago, on a bright cloudless morning, death fell from the sky and the world was changed. A flash of light and a wall of fire destroyed a city and demonstrated that mankind possessed the means to destroy itself.
　71年前のよく晴れた雲のない朝、空から死が降ってきて世界は変わった。閃光（せんこう）と火の壁が町を破壊し、人類が自らを滅ぼす手段を手にしたことを示した。

　Why do we come to this place, to Hiroshima? We come to ponder a terrible force unleashed in the not so distant past. We come to mourn the dead, including over 100,000 Japanese men, women and children, thousands of Koreans and a dozen Americans held prisoner.
　我々はなぜここヒロシマを訪れるのか。それほど遠くない過去に解き放たれた、恐ろしい力について思いを致すためだ。亡くなった10万人を超える

日本の男性、女性、子どもたち、数千人の朝鮮半島出身の人々、そして捕虜になった十数人の米国人を追悼するためだ。

It is not the fact of war that sets Hiroshima apart. Artifacts tell us that violent conflict appeared with the very first man. Our early ancestors, having learned to make blades from flint and spears from wood, used these tools not just for hunting but against their own kind.

ヒロシマを際立たせているのは戦争という事実ではない。歴史的な遺物をみれば、暴力による争いが初期の人類からあったことが分かる。我々の初期の祖先は石から刃物を作り、木からヤリを作る方法を学んだ。こうした道具を狩りだけでなく、同じ人類に対しても用いるようになった。

On every continent the history of civilization is filled with war, whether driven by scarcity of grain or hunger for gold, compelled by nationalist fervor or religious zeal. Empires have risen and fallen, peoples have been subjugated and liberated, and at each juncture innocents have suffered — a countless toll, their names forgotten by time.

世界の文明の歴史は穀物不足や黄金への欲望、民族主義や宗教的熱意といった理由で、戦争で満ちている。帝国は台頭し、衰退した。人々は支配されたり解放されたりしてきた。節目節目で苦しんできたのは罪の無い人々であり、数え切れない彼らの名前は時とともに忘れ去られてきた。

The World War that reached its brutal end in Hiroshima and Nagasaki was fought among the wealthiest and most powerful of nations. Their civilizations had given the world great cities and magnificent art. Their thinkers had advanced ideas of justice and harmony and truth, and yet the war grew out of the same base instinct for domination or conquest that had caused conflicts among the simplest tribes, an old pattern amplified by new capabilities and without new constraints.

ヒロシマとナガサキで残虐な終わりを迎えた世界大戦は、最も豊かで強大な国の間で起きた。彼らの文明は世界に偉大な都市、素晴らしい芸術をもたらしてきた。思想家は正義と調和、真実という概念を発展させてきた。しかし戦争は初期の部族間であった支配や征服と同じような本能から生まれてきた。新たな能力が、支配欲や征服欲が争いを呼ぶという古くからの構造を増幅させた。

In the span of a few years some 60 million people would die: men, women, children — no different than us, shot, beaten, marched, bombed, jailed, starved, gassed to death.

数年の間におよそ6千万人の命が奪われた。我々と変わらない男性や女性、子どもたちが銃撃され、打たれ、連行され、爆撃に巻き込まれた。投獄されたり、飢えたり、ガス室に送り込まれたりした。

Some day the voices of the Hibakusha will no longer be with us to bear witness. But the memory of the morning of August 6, 1945 must never fade. That memory allows us to fight complacency. It fuels our moral imagination, it allows us to change.

いつか、証言をしてくれる被爆者の声を聞くことができなくなる日が来る。しかし1945年8月6日朝の記憶は絶対に消えてはならない。この記憶に

よって我々は独りよがりではいられなくなる。道徳的な想像力がかき立てられ、変わることができるようになる。

That is why we come to Hiroshima, so that we might think of people we love, the first smile from our children in the morning, the gentle touch from a spouse over the kitchen table, the comforting embrace of a parent.

我々は、その物語を語るためにヒロシマに来る。そして愛する人のことを考える。朝起きてすぐの子どもたちの笑顔、夫や妻とのテーブル越しの温かなふれあい、そして親からの温かな抱擁。

Ordinary people understand this, I think. They do not want more war. They would rather that the wonders of science be focused on improving life and not eliminating it.

普通の人ならこうしたことが分かるだろう。彼らは、これ以上戦争が起きることは望まない。彼らは科学は、生命を奪うためではなく、生活をより良くするために使われるべきだと考えている。

When the choices made by nations, when the choices made by leaders reflect this simple wisdom, then the lesson of Hiroshima is done.

国家や指導者がこうした単純な知恵を使って（国の方向を）選択するならば、ヒロシマの教訓が生かされたことになる。

The world was forever changed here, but today the children of this city will go through their day in peace. What a precious thing that is. It is worth protecting and then extending to every child.

　ここヒロシマで、世界は永遠に姿を変えてしまった。しかし今日、この町の子どもたちは平和の中に生きている。なんと貴重なことか。それは守られるべきことで、世界中の子どもたちが同じように平和に過ごせるようになるべきだ。

That is a future we can choose, a future in which Hiroshima and Nagasaki are known not as the dawn of atomic warfare, but as the start of our own moral awakening.

　それが我々が選びうる未来だ。そして、その未来の中で広島と長崎は、核戦争の夜明けとしてではなく、我々の道義的な目覚めの始まりとして記憶されるだろう。

Study Corner

スピーチを音読してみよう。

第7章 Let us think about *Kyujo*!（9条について考えよう！）

さあ、これからが本当の「学習」です。本を読みっぱなしにしないで、次の1〜10の質問に対して自分の意見を書いたり、周りの人たちと議論してみませんか！

Q.1 軍隊にお金を使うのでなく、人々の暮らしのために使えないのでしょうか？

（参考統計）
スウェーデンのストックホルム国際平和研究所がまとめた2017年の世界の軍事費は前年比1.1％増の1兆7390億ドル（約190兆円）で、日本は前年と変わらず8位（約5兆円）でした。

		軍事費（億ドル）	対GDP比（％）
1	米国	6100	3.1
2	中国	2280	1.9
3	サウジアラビア	694	10.3
4	ロシア	663	4.3
5	インド	639	2.5
6	フランス	578	2.3
7	英国	472	1.8
8	日本	454	0.9
9	ドイツ	443	1.2
10	韓国	392	2.6

Q. 2　第二次世界大戦後、世界の国々は国連憲章を定め、二度と戦争は起こさないと約束したはず。それなのになぜ今でも戦争が起こるのだろうか？

Q. 3　日本の「平和」は何によって守られているのだろうか？　憲法9条？　それとも安保条約？
　注：「安保条約」の正式名は「日本国とアメリカ合衆国との間の相互協力及び安全保障条約」。1960年1月19日締結。第5条：各締約国は、日本国の施政の下にある領域における、いずれか一方に対する武力攻撃が、自国の平和及び安全を危うくするものであることを認め、自国の憲法上の規定及び手続に従つて共通の危険に対処するように行動することを宣言する。——つまり、有事の際は日米は一緒に戦うこと。

Q. 4　核兵器が世界には14,000発もある。核兵器禁止条約も締結されたが、なぜ核保有国はそれに参加しないのか？
　注：核兵器禁止条約 Treaty on the Prohibition of Nuclear Weapons。核兵器の開発・保有・使用などを法的に禁止する国際条約。2017年7月、国連で採択。同年9月20日に署名手続きが開始され、50か国の批准を得て発効する。

Q. 5　南米のコスタリカは1949年に憲法を制定、第12条に「常設的機関としての軍隊は禁止する」とうたい、常備軍を廃止した。「兵士の数だけ教師を」を合言葉に軍事予算をそっくり教育予算に変え教育国家に転換した。なぜコスタリカでそんな画期的なことができたのだろうか？

Q.6　日本は憲法で軍隊不保持をうたっているのに、世界で7位の「軍事力」の自衛隊を有しています（Global Firepowerの2017年の調査による）。憲法と自衛隊の存在の矛盾を将来的にどうしたらよいと思いますか？

Q.7　最近、政権与党は9条改正を強く意図しています。どんな国造りを目指しているのか？　またどんな理由をあげているのでしょうか？

Q.8　軍隊がなくても国を守ることができるのか？

Q.9　最近政治家から憲法改正が声高に叫ばれています。憲法99条は「憲法尊重擁護義務」として、「天皇又は摂政及び国務大臣、国会議員…はこの憲法を尊重し擁護する義務を負ふ」と定めています。そういう政治家はこの規定に違反しないのでしょうか？

Q.10　9条を世界に行き渡らせるために私たち一人ひとりに何ができるでしょうか？

あとがき

　日本国憲法は1947年に施行後、その平和への先駆性が世界的に知られています。第二次世界大戦直後、国際社会は二度と戦争をしないと決意したのに、朝鮮戦争（1950年～1953年）、ベトナム戦争（1964年～1997年）、湾岸戦争（1991年）などの大きな戦争がおこり、多数の犠牲者を出しました。また地域紛争、テロ事件は一向にやまず、国連憲章で誓った約束はどこかに消えてしまったかのようです。

　日本は平和憲法があるために、いずれの戦争にも参加せず、一人の外国人も殺さず、逆に一人の日本人も殺されずに済みました。イラクなど一部の国へ「国際貢献」の名目で自衛隊が派遣されてはいますが…。日本人のみならず世界の国民のほとんどは戦争を望まず、どこの国とも平和で仲良くやっていきたいと望んでいます。その意味で日本は平和憲法、特に9条の価値を他国に示していく必要があると思います。

　2019年9月26日、スウェーデンの16歳の環境活動家グレタ・トゥンベリさんが国連本部で英語で感動的なスピーチをし、世界を驚かせました。一人ひとりの声や力は小さい、でもその数が集まれば世論を動かします。私たちもできるところから声を上げていく必要があるのではないでしょうか？
　この本が、皆さんの「9条」・平和・戦争への理解を深め、また少しでも英語の学習に役立ったのであれば幸いです。また、率直なご意見も是非お願いします！
　申し遅れましたが、本の編集・出版には修学舎の森田晴義さんと高文研の飯塚直さんに多大なご苦労をおかけし、日弁連の伊藤真さんと和歌山大学の江利川春雄さんに推薦文を書いていただきました。この4氏に心より感謝いたします。

2019年12月　　　　　　　　　　　　　　　　奈良　勝行・瀧口　優

参考文献：
1．『英語で日本国憲法を読む』(2001年) 島村 力著、グラフ社
2．*ANNE FRANK*（the Anne Frank House）
3．『The Story of Charlie Chaplin ―喜劇王・チャップリンの半生』(2018年) 安藤富男編著、三友社出版
4．『Visas for 6,000 Lives　杉原千畝物語』(2001年) 安藤富男監修、三友社出版
5．『中高生からの平和憲法　Q＆A』(2011年) 高田 健著、晶文社
6．『現場発！ 人間的な英語の授業を求めて』(2019年) 池田真澄著、高文研

協力：日本経済新聞社、朝日新聞社、高校教育研究会、ANNE FRANK FONDS Basel Switzerland、The Nobel Foundation、その他

なお、資料にあるマララ・ユスフザイ、サーロー・節子、チャップリン、オバマ大統領の有名スピーチは、YOUTUBEでご覧になれます。文中の写真は、特に断りがない限り著者が撮影しました。

この本の感想、ご意見を下記のメールアドレスにぜひお願いします。

ever.onward.nara@xd5.so-net.ne.jp　　奈良　勝行

takiguchi-masaru@iaa.itkeeper.ne.jp　　瀧口　優

【著者紹介】

奈良　勝行（なら・かつゆき）
　37年間、都立高校数校で英語を教える。退職後、和光大学大学院修士課程修了。白梅学園短期大学、東京都市大学、法政大学で3年間非常勤講師として英語を担当。
　現在、白梅学園短期大学　子ども学研究所研究員。
　地元の中学生20数人を対象に「無料学習支援教室・分かった会」を毎週1回運営。
　日本世代間交流学会会員、新英語教育研究会会員。
主な著書：
英語副読本：*Ryuhei, Chris Moon, Motala Elephant, Peace Crane Kamishibai*
『生き方としての英語教師』三友社

瀧口　優（たきぐち・まさる）
　1951年生まれ。白梅学園短期大学教員。平和の文化をきずく会事務局長。新英語教育研究会（副会長）。日本世代間交流学会会員。
主な著書：
『暴力の文化から平和の文化へ』（共著）平和文化 2000
『新しい英語教育の創造』（共著）三友社 2009
『小学校英語の手引き』かもがわ出版 2009
『子育て支援員研修テキスト』（共著）中央法規 2017
『ことばと教育の創造』（共著）三学出版 2017

Let us think about *Kyujo*！
憲法9条について考えてみませんか！

2019年12月30日発行

著　　者	奈良　勝行
	瀧口　優
発 行 所	株式会社 高文研
	〒 101-0064　東京都千代田区神田猿楽町 2-1-8　三恵ビル
	http//:www.koubunken.co.jp
電　　話	(03)3295-3415　　FAX (03)3295-3417
振替口座	00160-6-18956
印 刷 所	中央精版印刷 株式会社
装　　幀	山口　敦
組　　版	修学舎

乱丁・落丁の場合はお取り替えいたします。
Printed in Japan

ISBN 978-4-87498-712-4　C0037